NOTRE-DAME

DE St-OMER.

NOTRE-DAME DE Sᵀ-OMER,

OU

RECHERCHES SUR CETTE ÉGLISE,

CONTENANT UN APERÇU DE SON HISTOIRE, DE SES MONUMENS ; ET SES DÉBATS SUR-TOUT AVEC L'ABBAYE DE St-BERTIN, AUTOUR DE LA CHASSE DE SON PATRON, SUIVI DE NOTES ET EXPLICATION ET DÉVELOPPEMENT DU TEXTE ;

PAR M. QUENSON,

CONSEILLER A LA COUR ROYALE DE DOUAI, ET MEMBRE RÉSIDANT DE LA SOCIÉTÉ ROYALE ET CENTRALE D'AGRICULTURE, SCIENCES ET ARTS DU DÉPARTEMENT DU NORD, ETC.

Douai.—Imprimerie de WAGREZ aîné.

NOTRE - DAME

DE S^T-OMER.

APERÇU HISTORIQUE SUR L'ORIGINE , LES INSTITUTIONS , LES MONUMENS DE CETTE ÉGLISE ET SES DÉBATS SUR-TOUT AVEC L'ABBAYE DE St-BERTIN, AUTOUR DE LA DE CHASSE SON PATRON (*).

Il est un grand nombre de villes en France dont l'origine et le nom se rattachent à quelque pieux souvenir, à l'existence de quelque saint personnage. Ce fut sur-tout aux sixième et septième siècles qu'on les vit naître : car ce fut sur-tout alors l'époque des idées et des établissemens religieux. (1).

(*) Cette notice avait été commencée d'abord sur une base plus étendue et de manière à présenter une histoire complète de cette église Notre-Dame ; mais forcé bientôt de la réduire aux limites d'une lecture publique ; arrêté plus encore par la crainte de me rencontrer côte à côte , et en dangereuse comparaison avec l'ouvrage de MM. *Allent* et *Wallet,* dont le plan m'avait depuis été communiqué, j'ai cru devoir découper ce travail et me borner à reproduire quelques scènes d'intérieur dont les détails peu connus et piquants de rapport ne pouvaient se rencontrer dans le tracé de M. *Allent.* C'est au milieu de ce petit dessin de

"

Une foi nouvelle devait naturellement attirer les peuples aux lieux où elle s'était montrée avec ses bienfaits, ses miracles. La foule suivait l'homme de Dieu ; et après lui, chacun venait poser sa demeure autour de son tombeau, et sous son patronage. Ainsi s'était formée la ville de St-Omer, (2) autour de la tombe du St-apôtre de la Morinie.

Jusqu'alors, ce lieu qui porte aujourd'hui son nom, n'était qu'une simple bourgade, appelée *Sitiu*, et précédemment même, *Hebbingahem*, s'il en faut croire certain manuscrit du chapître de cette ville (3).

De vastes marais (4) qui s'ouvraient à quelques lieues de là, comme une longue baie aux flots du détroit de la Morinie, des collines sinueuses, en partie couvertes de bois, et qui diguaient un large bassin, sur l'une d'elles un vieux château construit de pierres blanches, fortifié par une grosse tour (5), à laquelle conduisait secrètement une entrée souterraine ; à côté un petit temple, et

---

genre que j'ai placé le portrait de Notre-Dame, ou plutôt de son chapître, laissant pour support au tableau une esquisse rapide de son origine, pour encadrement un aperçu de son histoire, de ses monumens, et pour fond du dessin, au risque même de nuire à l'intérêt principal, les derniers débris de St-Bertin entourés des regrets publics, et pleins de souvenirs, essentiellement liés d'ailleurs à ceux de Notre-Dame. Quant au reste du travail, comme il n'est en histoire aucune recherche qui n'ait quelque profit à donner, j'ai cru devoir le reporter dans une série de notes que j'ai jointes au texte, comme preuve, explication ou développement des faits et réflexions qu'il renferme.

plus loin , quelques masures isolées entr'elles , couvertes d'argile , de roseaux , et dont la plupart
encore rappelaient par leur forme conique , les
anciennes habitations des Celtes (6) : tel était au
7e. siècle, l'aspect de cette terre de *Sitiu*.

Quant à ses habitans : une origine gauloise
mélangée , par la conquête , de Romain et d'Alle-
mand ; une religion toute méridionale , terne au
milieu des flétrissans brouillards du Nord, ébranlée
déjà sur sa base par le souffle puissant du christianisme , mais retrouvant bientôt des souvenirs ,
quelque simpathie dans cette humeur vive et légère
des Gaules , dans les idées religieuses des Francs ,
et pour lors, avivée par l'invasion même, montrant
non loin du monument évangélique de St-Fuscien,
(7) sa statue de Minerve qu'elle a redressée dans
son temple, son Mars et son Bacchus , grand buveur de cervoise , (8) qu'elle a replacés sur quelque *menhir* brisé , ou tout autre vieux débris du
culte druidique (9).

De plus , des mœurs encore à demi barbares , des
femmes, des esclaves pour les travaux domestiques;
de la chasse, de la pêche , et par-dessus tout , de la
guerre , ou plutôt de la piraterie , pour les hommes
d'armes , un chef à longue chevelure (10), leur
élu d'abord , leur maître désormais (11), riches des
immenses butins que l'on a recueillis sous la vieille
tour ; propriétaire de vastes domaines, puissant,
redouté , et retiré alors en son Castel *d'Ascio*
(12) : tels devaient être , d'après l'histoire , le
chef et la tribu que St-Omer avait mission d'évangéliser.

Pour lui, né au *Val-d'Or*, et de noble race ,

brillant élève de Luxeuil (13), ardent apôtre du Christ, il avait paru à Térouane, vers 637, un crucifix à la main, la charité au cœur, paré des plus séduisans dehors de la vertu, et secondé de toute l'influence du monarque qui l'y avait appelé.

Aussi, malgré de longues et violentes résistances, la statue de Mars avait été enlevée du milieu de la place publique, son autel détruit, celui de St-Martin relevé de ses ruines, et ce vieux paganisme, qui quelque tems encore était venu raniner sa décrépitude dans le sang et la vigueur d'un jeune peuple, abattu enfin comme un malheureux proscrit sur le seuil de son dernier asile.

Partout en Morinie, l'éloquente parole du saint-évêque, l'autorité de ses miracles (14) avaient éclairé, subjugué les peuples. Le rédoutable corsaire de *Sitiu*, Adroald, s'était lui-même converti, et sa tribu, à son exemple, s'était agenouillée devant la croix. C'est alors qu'éveillé sur l'avenir, et plein d'amour pour sa religion nouvelle, Adroald avait fait don à St-Omer, de sa terre de *Sitiu* (15) afin, voulut-il, qu'un monument y fût élevé à la charité chrétienne, et à la gloire de Dieu. Et à son tour le temple de Minerve était tombé, et à quelques pas de ses ruines, vers le Nord, avait paru un modeste oratoire dédié à St-Martin (16) et près d'elle ensuite une église, et à côté déjà un monastère consacré comme elle à la Vierge, et qui bientôt, trop resserré dans son enceinte, allait, sous St-Bertin, donner naissance à un autre monastère fameux qu'un miracle (17) devait emplacer près de là, au milieu des eaux pour, avec lui, vivre en communauté de règle, de chefs, d'intérêts durant deux siècles et onze abbés, jusqu'à ce qu'un jour dépouillé par l'un d'eux (18) de sa règle, de ses moines, séparé de biens, sécularisé, reconstitué en collége de trente chanoines, il vint isoler son avenir sur la tombe de son Apôtre, et marcher avec son église (v. n. 25) à d'autres destinées.

Quant à **St**-Omer, il avait fait de *Sitiu*, sa terre de prédilection, un lieu de retraite où il aimait à venir se reposer de ses longs et pénibles travaux.

Plus tard, bien qu'épuisé par l'âge et un apostolat de plus de trente années, bien que privé de la vue depuis huit ans environ, il allait néanmoins encore donner à ses ouailles ses derniers conseils, ses dernières exhortations. Mais un jour, dit-on, c'était, suivant la plûpart des historiens et chroniqueurs, au mois de septembre 670 (19), il fut saisi à *Wavrans* (bourgade peu distante de Sitiu), d'une fièvre violente, et comprenant que sa fin approchait, il se fit lever et conduire à l'église. Là il fit ses dévotions et se mit à prier pour son peuple. Bientôt il fallut l'enlever de ce lieu, et quand il revint à lui, il reprit sa prière et on la lui entendit murmurer jusqu'à ce que son âme s'en fût allée la déposer au sein de la Divinité.

Ainsi finit l'homme de Dieu ; à sa mort toute la contrée fut en larmes, en émoi ; St-Bertin vint solennellement chercher sa dépouille mortelle pour la déposer, comme l'avait désiré le saint évêque, en sa nouvelle église de *Sitiu* ; de nombreux miracles se manifestèrent, dit-on encore, autour de son tombeau ; la bourgade se développa, et là fut quelque tems après, une ville qui prit ensuite le nom de son auguste Patron, et qui plus tard, à l'égal

des villes de Flandre , eut aussi ses franchises mu-
nicipales, ses corporations armées sous la bannière
des métiers , ses émeutes populaires , ses débats
religieux , son importance militaire , ses illustrations historiques.

Depuis nombre de siècles, la première église de
Sitiu n'est plus. Incendiée , ravagée par les Normands (20) , restaurée et fortifiée contre leur invasion , puis frappée par la tempête, et de nouveau restaurée , elle est tombée enfin sous les coups
du tems avec son vieux monastère, ses gardiens
(v. n. 25 et 45), ses chanoines, ses prévôts
(v. n. 25), ses cloîtres (21), ses murs de défense
(22). Et celle aussi qui, du milieu du 11e. siècle,
s'élevait à ses côtés, et successivement sur son
enceinte , plus vaste, plus riche, qui tint à l'œuvre
cinq générations entières , et peu après s'agran-
dissait encore de l'héritage de Térouane , (v.
n. 63), cette église de Notre-Dame s'est déjà
bien avancée dans les âges ; et autour d'elle ont
aussi disparu, ses Sinodes, (23) ses grandes écoles
(24), ses évêques (25), auxquels a succédé de nos
jours son régime des grands Doyens ; et tous ces
privilèges, cette puissance du chapître, si impo-
sante, si pontificale, qui sortait de son enclos,
bannières déployées, pour aller protester par la
ville contre les prétentions de l'Abbaye de St-
Bertin sa rivale, et son palais épiscopal (26),
élevé sur celui des Prévôts, restauré, rajeuni, aujourd'hui converti en cour de justice ; et cette antique demeure de ses chatelains (27), rajustée déjà
sur les ruines du vieux fort d'Adroald, et sur laquelle se montre maintenant à pic une prison cri-
minelle toute isolée avec sa sentinelle et ses grilles.

Quant à cette seconde église de Notre-Dame , survivant à tant d'institutions , de monumens brisés
autour d'elle , et de cathédrale redevenue paroisse
comme au 9e. siècle (v. note 16) , elle est aujourd'hui, avec celle du St-Sépulchre (28) le plus
ancien édifice gothique de la cité , car il n'est bientôt plus pour les autres (29) , que des regrets et
des souvenirs.

Commencée près de trois cents ans avant la dernière église de St-Bertin , moins élevée , moins longue , moins élégante , moins brillante de décors ,
mais plus large et au demeurant de même circuit
environ (30) , elle est encore un des monumens les
plus remarquables de la contrée.

Ses pleins ceintres , ses ogives , ses variétés d'architecture qui successivement ont marqué sur son
enceinte ses diverses époques de construction ; sa
haute et large tour (30) , ses cinq nefs d'entrée ;
son vieux portail du midi (31) avec ses piquants
détails , sa statue de Notre - Dame , ses emblèmes
du jugement dernier , et son large ceintre porté
sur sept degrès ; son maître autel (32) tout brillant d'or , isolé au-devant du chœur, et là , posé
comme une pierre précieuse au centre de la croix ;
son pourtour de chapelles (v. n. 30), et ces
riches fermetures de marbre , surmontées de colonnes et de sculptures ; ses belles orgues, (33)
ses pavés symboliques (34) , ses tombeaux (35) ;
ses figures , chefs-d'œuvre remarquables de différents âges , et qui nous offrent en regard, la
tombe grossière de St-Archambaud (36) , et l'élégant cénotaphe de l'évêque de Croy (37), le groupe
colossal du grand Dieu de Térouane (38) et de

légères figures d'anges ou de saints (39), et plus loin encore une descente de croix de Rubens, (40) encadrée elle-même de deux vieilles colonnes torses de bois doré; tout cet ensemble de travaux et d'images variés a empreint sur cet édifice un caractère d'intérêt qui ne peut que grandir avec le tems.

Mais à part tout ce que cette église peut offrir de curieux et d'instructif sous l'aspect de l'art; à part encore, sous son aspect historique, de grandes scènes de religion, autour desquelles a retenti par fois le cri de l'émeute et le bruit des armes (41); à part quelques tableaux de haut chevalet, au milieu desquels aparaissent çà et là certains noms fameux, et où, sur-tout, se vient poser à chaque renouvellement ou mutation de prince, toute la souveraineté d'Artois, sous la figure même de Charles-Quint, et la main levée, jurant (42) *d'être bon et fidèle seigneur à la ville et bourgeoisie*, et de les *protéger, maintenir, et défendre selon leurs privilèges* (43); à part enfin, tous ces souvenirs qui appartiennent plus particulièrement à l'histoire de la cité qu'à celle de l'église, il est dans ses cérémonies, autour de ses tombeaux et de ses reliquaires des détails d'intérieur qui résument à la fois une classe de la société, une longue époque de nos annales, et semblent quelques feuillets perdus des chroniques du moyen âge.

On y voit en effet ce prestige des miracles qui dispose de tout un peuple; cette influence des reliques qui lui fait jeter sa vie, sa fortune au pied d'une Chasse, comme au milieu des plus grands dangers; qui là vient exciter l'avidité du clergé et le brigandage des barons, comme ailleurs elle s'empare du palais des rois , de la direction des armées, de la fidélité des sermens et des traités (44).

On y voit par-dessus tout ces débats d'intérêt et de rivalité qui agitent les églises , les couvens , une population entière , et se vident chaque fois avec les armes du siècle : ici à main armée et à l'aide des miracles, là, par l'autorité des évêques; ailleurs, par la décision du peuple , plus loin par l'intervention du pouvoir judiciaire qu'envahit plus tard celui de la Cour , et enfin par une violente catastrophe qui confond tout dans un même naufrage. Et ces pages historiques qu'on aime à retrouver parmi les poudreuses archives d'une ancienne Basilique , c'est ici, sur la chasse de son vieux patron qu'on les découvre, et c'est pour la possession même de ses restes vénérés que l'on y voit se débattre plus de 800 ans la rivalité de deux églises sorties du même berceau (v. n. 17 , 18 et 25).

Ainsi, vers 843 , un abbé de St-Bertin , *Hugues*, bâtard de Charlemagne , aidé d'un certain *Morus*, (45) , gardien de l'église Notre-Dame en *Sitiu* , dérobe furtivement la chasse de St-Omer, et déjà l'emporte avec sa troupe en son autre abbaye de St-Quentin , lorsque survient d'autre part , à la tête aussi d'hommes armés , l'évêque de Térouane, *Folquin* , qui poursuit les ravisseurs , et par l'assistance d'un double miracle , se ressaisit des reliques du saint prélat.

Ce double miracle toutefois , cette influence divine qui vient à l'aide de la piété , et va , d'après la chronique de même qu'en nos drames , punir ensuite les coupables , c'est la chasse elle-même qui tout à coup résiste à l'enlèvement , et s'alourdit au point de n'être plus transportable ; ce sont les eaux de la Lys et les épis des champs qui s'ouvrent et s'écartent devant elle , et la troupe de St-Folquin, pour en faciliter et accélérer le retour (v. n. 46). Le châtiment, c'est pour Hugues la mort qu'il trouve quelque tems après dans une embuscade militaire à côté de l'abbé de St-Riquier (46), et à la tête d'un corps de troupes françaises qu'il conduisait à Charles-le-Chauve , son neveu alors occupé au siége de Toulouse. C'est, pour le gardien *Morus*, la main de Dieu qui le saisit à table , au moment que les cloches et les cris du peuple annonçaient la rentrée solennelle des reliques , qui le renverse comme mort (47) et ne lui laisse pour l'avenir qu'une existence misérable, et un dérangement du cerveau qui ne lui permet plus désormais de reconnaître ce lieu qu'il avait tant outragé.

Telle fut la première attaque de l'Abbaye de St-Bertin pour s'emparer des restes de St-Omer ; et ceux-ci , rapportés alors en leur église Notre-Dame , enveloppés d'une double chasse bien ferrée , y furent soigneusement cachés sous terre par St-Folquin dans la crainte des normands , et sans doute aussi des moines.

Maintenant qu'au récit de ce double miracle , l'homme fort de la civilisation se laisse complaisamment aller à quelque souris moqueur, permis à lui. Mais pour l'histoire, à qui rien ne saurait être indifférent, il est à travers ce merveilleux des chroniques , dans ce rapt d'une chasse tenté par dévote spéculation et suivi d'une lutte presque corps à corps de deux hommes d'église, dans cette puissance des évêques qui se constituent chefs militaires et dis-

posent à la fois de la force des armes et des miracles,
dans cette barbarie de mœurs qui vient s'asseoir sur
la tombe encore fraîche du grand siècle de Charlemagne , dans tous les détails de cette action dra-
matique, un portrait de peuple à saisir, un principe
de désorganisation sociale qui va grandir sous l'invasion et la féodalité ; une religion , alors seul et
faible point d'unité pour retenir tous ces lambeaux
de la vaste monarchie carlovingienne ; enfin un
clergé qui bâtit déjà sur ses reliques et sur les élémens d'instruction qu'il recueille et concentre dans
ses cloîtres , cette fortune colossale qui doit appa-
raître un jour si haute , si menaçante en Europe.
Voilà ce que l'histoire , dans ce premier acte des
dissentions de l'église Notre-Dame et de l'abbaye,
pourra montrer à l'homme du 19e siècle.

Viennent ensuite d'autres débats sur le même
objet; et le plus rapproché vers 1055. Mais dès-lors,
ce n'est plus un rapt (48) à la manière des barons ,
dont le brigandage n'a point encore reçu le coup
de hache de *Bauduin VII*; (49) c'est un procès qui
s'entame , sans procureur toutefois encore , mais
avec ses formes et ses juges particuliers.

Ainsi figurons-nous un jour l'abbaye, qui depuis
un siècle environ exposait à la dévotion des fidèles,
des reliques qu'elle croyait celles de St-Bertin ;
retrouvant, après un nouvel incendie , la véritable
chasse de son patron, et dès-lors en grand embarras
avec ses deux saints , et pour en sortir faisant ré-
pandre le bruit que les premières reliques étaient
celles de St-Omer ; et à son tour le chapître de
Notre-Dame, (qui prétendait avoir conservé le corps
entier de son apôtre) dans un vif émoi , députant

aussitôt vers *Bauduin de Lille* quelques-uns de ses chanoines , et ce comte avec eux allant supplier l'archévêque de Rheims (5o) de venir décider lui-même cet important procès; et ce prélat alors qui arrive en grande pompe, assisté de l'évêque de Térouane et d'un nombreux clergé, qui fait ouvrir la double chasse du chapître , en dégage les restes de leur enveloppe de toile cirée , s'assure de leur intégralité , reconnaît sur eux l'étole , la manipule, et la croix d'évêque (51) que St-Folquin y avait déposées, prononce condamnation contre l'abbaye; puis ensuite distribue quelques parcelles d'ossemens, entr'autres un doigt à l'abbé de St-Bertin lui-même, en espoir de paix, une dent à un seigneur de Lillers (52) en récompense de ses pieuses fondations , prend aussi pour lui un autre doigt ; puis replace comme précédemment le corps en double chasse, puis le tout en une troisième garnie de lames d'argent , qu'il dépose ensuite sous le maître-autel avec des lettres , (ou procès-verbal de vérification) que l'on a fait aussitôt sceller des notables assistans. Et parmi ces notables , reconnaissons le châtelain, le mayeur , les échevins , la comtesse de Flandre , *Adèle*, l'épouse de Bauduin, en magnifiques atours, accompagnée de nobles seigneurs accourus comme elle à ce grand spectacle : car il n'en était pour lors encore que dans les églises où par fois même de burlesques mascarades (53) se venaient mêler aux plus sublimes scènes de la religion. Et en dehors entendons le peuple, (54) qui durant la cérémonie a pris place aux portes, aux fenêtres , sur les toîts même de l'église, pour y exercer aussi son droit de vérification ; demandant bientôt à hauts cris la chasse de son patron , et quand elle est apportée , exposée devant lui, se ruant vers elle en si affluente dévotion qu'il fallut main-forte pour la préserver du choc, et faciliter en même - tems la collecte des offrandes. Enfin , et à la suite de ce grand événement , qui avait si fort occupé la ville et la contrée , écoutons un héraut de Baudouin de Lille, qui vient publier, au nom de son maître , qu'en mémoire de cette solennité , il y aurait *hors en avant , franchise et exemption pour tous les allans et venans* durant la foire (55) qui se tenait annuellement à pareille époque.

Telle avait été, pour la seconde fois, l'issue des prétentions et entreprises de l'abbaye.

Cependant malgré l'autorité de semblables vérifications , malgré celle encore de 1269 (56), à laquelle également avait assisté l'abbé de St-Bertin, revient en 1324 avec un nouvel abbé , un nouveau débat. Mais le juge cette fois, c'est le peuple ; non plus celui de 1055, qu'on n'admettait qu'à l'offrande et que l'on tenait aux portes, mais le peuple du 14e siècle, l'homme aux franchises, aux boudeuses émeutes, et toujours également aux superstitieuses croyances.

C'est à lui que l'abbé *Henri de Condescure* a annoncé en chaire qu'il possède le véritable corps de St-Omer , et qu'à tel jour il en fera *l'ostension.* Et devant lui, au jour indiqué, des ossemens ont été tirés d'une chasse et déroulés sur l'autel. Mais aussitôt le chapître de Notre-Dame instruit de ce qui vient de se passer à l'abbaye , convoque à son tour par la ville une assemblée générale du peuple avec ses autorités, ses nobles, notables , et tabellions publics ; et ce même jour dans la nouvelle église de Notre-Dame, une autre chasse est ouverte, et des restes sont montrés, d'abord du pied de l'autel, puis du haut du doxal (v. n. 57); et à deux reprises aussi les procès-verbaux renfermés avec eux sont lus et relus tant en flamand (57) qu'en français, afin que tous aient pu voir et entendre ; et le peuple aussitôt s'est écrié qu'il reconnaît ces reliques, que ce sont bien celles de son patron ; et les tabellions dressent procès-verbal de sa sentence ; et quelques jours après la même cérémonie se répète en présence de la comtesse *Mahault*, et l'abbaye refuse d'y paraître, et de nouveau même cri de reconnaissance, même décision de la part du peuple.

Le procès néanmoins se perpétuait ; et à l'aide d'indulgences, surprises, dit-on, au pape, qui devait au demeurant avoir grande peine à démêler semblables affaires, on avait ramené autour de ces prétendues reliques de 1055, une partie des fidèles et des offrandes; mais en 1465, après un premier litige, devant le prévôt de Montreuil, et le grand bailly d'Amiens (v. n. 68), requête est présentée par le chapître au Parlement de Paris ; et c'est le conseiller *Haberge*, assisté de l'évêque suffragant de Térouane, qui vient procéder à un nouvel examen ; et c'est aussi *publiquement* sur un *hourt* élevé dans l'église, au milieu de plus de cent personnes, Bailly, Prévôts, autorités civiles et clergé, montés comme lui sur cette estrade, que les droits du chapître sont de nouveau vérifiés et reconnus. Cependant visite est également faite de la chasse de l'Abbaye ; et il est curieux vraiment de recueillir du procès-verbal même laissé par le conseiller commissaire ce qu'il y trouva. Rien, à ce qu'il paraît, du véritable corps de St-Omer, pas même le doigt obtenu en 1055; mais sur les ais du coffre, *la portraiture de Monseigneur St-Omer*, puis deux *plataines* dont l'une assez *largette* avec inscriptions latines en mémoire du saint, et sur les côtés d'autres inscriptions latines indiquant, y est-il dit, les *diverses reliques* contenues en ce vase, et entr'autres : *du sépulchre de Notre-Seigneur et de la Vierge Marie, des restes de St-Jean-Baptiste, et d'un grand nombre de Saints et Saintes postérieurement désignés* (59).

Ainsi se termina cette vérification judiciaire, ce quatrième acte des prétentions et tentatives de l'abbaye.

A sa suite intervint un concordat, puis un bel et bon arrêt d'homologation, puis un acte de soumission (60) de la part de l'abbé Antoine de *Berghes*; et le procès enfin fut clos.

L'on peut s'étonner sans doute qu'une abbaye déjà célèbre, visitée par de nombreuses illustrations, se soit obstinée si longtems et à l'aide de semblables moyens, à soutenir une prétention si solennellement condamnée; et que les fidèles de leur côté aient pu tant de fois revenir sur ce qui devait être pour eux, ainsi que pour leurs devanciers, un objet *de croyance entière*.

Mais, à part certaines incertitudes (61) qu'avait pu laisser après elle la vérification de 1055; à part ces mutations d'hommes qui presque toujours font défaire et refaire le passé; remarquons autour de cette abbaye de fréquents désastres à réparer, de grands édifices à rebâtir et continuer, un besoin d'offrandes, un intérêt dès-lors, et plus loin une rivalité à satisfaire : voyons autour de ces reliquaires, une imagination de France, ardente, mobile, toujours ouverte au merveilleux : là, contemplative dans ses cloîtres, ailleurs, dans le peuple, concentrée principalement autour de ses églises, des chasses de ses patrons, des mœurs de ses ancêtres ; et, à bas pour le moment nos idées modernes, nous replaçant avec la France du 15e. siècle sous le bonnet et les amulettes de Louis XI, jugeons là, du haut du baillage de St-Omer (62), son peuple, son église de Notre-Dame, son abbaye de St-Bertin.

Certes, la religion est trop sublime d'elle-même, trop puissante de convictions, pour qu'elle se doive masquer sous de frivoles emblèmes ; mais comme la royauté, elle eut son costume ; et ce fut là pour elle celui du tems. Sous le vêtement simple et philosophique du 19e. siècle, elle n'eût point été comprise, et aujourd'hui même qu'elle se montre à nous sans autre parure, que sa majestueuse humilité, sa charité tolérante et inépuisable, couronnée toutefois de son auréole céleste, parce qu'elle ne peut se dépouiller de son origine, aujourd'hui même est-elle donc encore bien comprise? Et quand la verrons-nous enfin, assise sur les débris de nos discordes, forte de la fraternité de tout un peuple, et entourée de cette pieuse vénération, qu'à genoux et haut le cœur, la conscience vient déposer au pied d'un autel, en reconnaissance de la vie, comme ailleurs, elle va déposer au pied d'un trône, un acte de respect et de dévouement, en échange de l'existence sociale, de la tranquillité publique.

Mais cette tranquillité publique d'une ville, si

souvent troublée par les débats de ses églises ,
n'était point entièrement revenue avec le concordat
de 1495. Il n'était entre ces deux grandes puissances de l'abbaye, et de Notre-Dame qui tout à
l'heure allait recueillir une mître sur les ruines de
Térouane (v. n. 63), que trop d'élémens de dis-
sension.

Déjà s'agitaient entr'elles les questions d'ancienneté et de prééminence ; puis vint le réglement des
processions (v. n. 64 *inf.*), puis le droit d'y porter
mître et crosse, auquel prétendait l'abbé ; puis à
leur suite, de nouvelles scènes dignes parfois vraiment de la plume satirique de Boileau. D'un côté,
un évêque de Notre-Dame, en station dans l'église
abbatiale, qui s'obstine gravement à bénir le pré-
dicateur, et les moines en tumulte, cherchant de
leur bruit et du son de leurs cloches, à étouffer la
voix du prélat, et protestant ainsi contre ses prétentions diocésaines. (64) D'un autre côté, un abbé de St-
Bertin, la crosse à la main, la mître en tête, s'avançant
avec nombreux cortège vers l'église Notre-Dame ,
pour y chanter l'office (v. n. 65), et les chanoines,
à leur tour, qui lui en ferment les portes au
moment où il a déjà franchi le seuil de l'enclos ; et
l'abbé , qui retourne une autre fois à la charge, et
vient, en semblable appareil, chercher le chapître
pour *aller à procession* , et l'évêque qui le laisse
avec ses religieux se morfondre d'impatience dans
la rue , lui fait publiquement intimer l'ordre de
déposer aussitôt sa crosse et sa mître , et sur son
refus lance contre lui *l'interdit et la suspense* ; et
le peuple qui jase ou prend parti, et la procession
néanmoins qui se met en marche , et la Cour qui

intervient pour vider le différend, et enfin, et sans
relâche, l'intérêt et la rivalité (v. n. 66) qui
les ramènent en lice, et les y tenaient encore sur
un nouveau projet de concordat, lorsque la révolution parut, et de ce revers de main qui boulever-
sait tout un royaume, vint briser ces misérables
dissensions pour en confondre les élémens sous les
vastes débris du trône et de l'autel.

Là finit ce tableau des mœurs religieuses, cette
agitation de neuf siècles autour d'une chasse, d'une
prééminence, ce chapître particulier des chroniques de Notre-Dame.

Maintenant, si poursuivant l'histoire de cette
église, nous recherchons à la suite du naufrage, à
travers les monumens épargnés ou refoulés sur la
plage, ce qu'elle est devenue durant la tempête, de
même que sa rivale et ses reliques, nous la voyons
entourrée de ruines, dévastée plus tard ainsi que
l'abbaye, comme elle ensuite constituée en magasin
(67), puis, et alors que St-Bertin était mis à l'encan,
ouverte à des cérémonies patriotiques, puis en 1801
au culte divin, et alors retentissante d'enthousias-
me et de regrets sous les pas de la foule qui accourt
revoir ses reliquaires, ses statues, ses tombeaux.

Mais vainement ce peuple aux anciens souvenirs,
y chercha-t-il de toutes parts la chasse de son vé-
néré patron; cette chasse, ce maître-autel sur lequel
elle reposait, ce calice d'or massif (68) où la bourgade entière, en ses jeunes années, venait recevoir
son Dieu, tout avait disparu; et ces restes précieux,
objet de tant de convoitise, de dévotion, dont la
protectrice influence avait tant de fois échauffé,
secouru l'enfance de la cité, ranimé son courage

au milieu de ses désastres (v. n. 20), ou de sinistres présages (69), dont la perte eut été pour elle auparavant un sujet de deuil inexprimable ; voilà que peu d'années après le pied d'un misérable les a dispersés, roulés dans la fange (70), sans qu'une main pieuse ait osé se baisser pour les en retirer.

Le chef seul du saint apôtre (71), dont la révolution n'avait heureusement saisi que la riche enveloppe, de même que son curieux cénotaphe (72) du 13e siècle, furent désormais tout ce qui resta pour rattacher la génération nouvelle de St-Omer au souvenir de son évêque.

Depuis lors cependant, une chasse et un autel ont reparu. Pour cette chasse plus de discussions ; ce n'est au dehors qu'un simulacre de l'ancienne (73), un coffre sans offrandes, et au dedans que quelques restes d'ossemens étrangers. Mais ce maître-autel aux antiques dessins rajeunis sous l'or, d'où vient-il ?... Voyez à l'autre extrémité de la ville ce qu'est devenue cette rivale de Notre-Dame ; c'est là qu'il était jadis, là tout fumant de l'encens des sacrifices ; et contemplez maintenant cette abbaye de St-Bertin, si belle de monumens, si grande d'histoire, si forte d'orgueil et de puissance, au milieu de son île (74) ; cherchez sur sa vaste enceinte ses hauts édifices, ses immenses toîts de plomb, ses *quartiers des princes et de l'abbé,* ses cours, ses jardins, ses longues files de bâtimens qui lui donnaient jadis l'aspect d'une seconde ville au bas de la première ; cherchez...... à peine lui reste-t-il pour témoigner du passé, quelques arcades et une tour mal assurée. Et pourtant, bien que dévalisée par la révolution , elle restait encore au sortir de ses mains, debout , et comme un grand souvenir, confié au patriotisme de la cité. Mais elle un jour, plus pressée que le tems, et trompée surtout par de spécieux et misérables motifs, s'en est allée démolir ses voûtes, ses ogives, briser confusément ses tombes, et confondre pêle-mêle des ossemens, des inscriptions, des débris de vêtemens et d'armures (75).

Et alors encore , autour de ces ruines mutilées quel aspect solennel ! et par fois quels sublimes tableaux !

C'était pour les arts d'élégants effets d'architecture gothique, de brillantes peintures, et une décoration admirable d'intérieur. C'était pour l'histoire une chronique de onze siècles , avec ses mœurs, ses personnages, ses révolutions, une suite de noms fameux parmi lesquels : des rois , des comtes de Flandre, des ducs de Bourgogne, des empereurs, des grands capitaines, et au-dessus les noms d'Alfred-le-Grand , de Léon X , (76) de Charles-Quint, de Louis XIV , et aux deux extrémités Charlemagne et Bonaparte : le premier, à la tombe du dernier des Mérovingiens, et là déposant humblement une croix de cette main puissante qui jetait à quelques pas de ces murs des portions de peuples vaincus ; (77) le second , à la veille de relever pour lui la couronne et l'empire des Césars , et là aussi , comme le vainqueur des Gaules , préparant des vaisseaux pour une autre expédition de la Grande-Bretagne (78).

C'était enfin pour qui voulait assister au lever ou au coucher de ces grandes ruines , un de ces magiques tableaux que la nature aime à déposer autour des antiques monumens. De majestueux débris se dessinant de loin à travers la feuillée du rempart en légères et blanches arcades, retenues par une tour élevée, et dont la figure se colore ou pâlit aux diverses impressions du jour ; au-dessus d'elles sur le fond du tableau, un autre débris délaissé sur un mont (la vieille tour de *Watten*) (79), qui tantôt à demi voilé par le soir, n'apparaît déjà plus que comme un point blanc posé sur un nuage, et tantôt ressaisi du milieu de son atmosphère brumeuse par un premier rayon de soleil, s'allume comme un fanal pour annoncer la scène sublime qui va s'ouvrir à ses pieds. C'était là certes d'imposantes images, de graves sujets de méditation, de nombreuses richesses d'intérêt, dont se pouvait rehausser l'importance de la cité !

Mais entendez bientôt ce volcan de la mine, et de nouveau ces cris d'ouvriers qui s'élancent à l'assaut, et paient par de larges brèches, le pain qu'on leur donne ; et voyez autour d'eux ces monceaux de débris !... déjà il n'est plus aux deux côtés de la tour qu'un petit nombre d'arcades, un reste de la nef d'entrée. Et cependant encore, lorsqu'à la suite de généreux regrets, des fouilles nouvelles ont découvert peu après, au devant de ces ruines, sous diverses couches de matériaux brulés, des bases, des portions d'enceinte de ces premières églises de l'abbaye (car il en était là jusqu'à huit empilées par les âges), quel grand et nouveau spectacle ! et quelle profonde pensée s'en est tout à coup levée pour y déposer un nouvel intérêt ! Ces hautes ruines de la surface agrandies de toute la profondeur du passé, que l'on vient d'entr'ouvrir à leurs pieds ! huit

siècles mis à jour, et posant, 400 ans après avec leurs
débris, devant l'homme de dix-huit cent trente !
Tel était le tableau (80)........ Mais encore la
mine, encore la main des ouvriers ! et cette fois
la colonne du 15e. siècle, qui était restée debout sur
un soubassement de la première église, renversée
sur celle-ci, et tous leurs souvenirs confondus sous
un nouvel amas de décombres, et bientôt, craignons de le voir, sur ces sept églises successivement
abîmées par les Normands et par la flamme, le 19e.
siècle de la cité, abîmant la 8e. église et vidant la
plage. Et lui alors, après avoir ainsi désolé le patriotisme, déshérité la postérité de cette grande et
vivante leçon, dépouillé la ville de cet élément
d'intérêt qui la faisait rechercher des savans, des
étrangers, lui alors souriant au récit de ces miracles,
de ces débats qui tant occupaient ses ancêtres, lui,
se targuera de civilisation ! Eh bien ! si l'exemple
de la civilisation ancienne pouvait être utilement
rappelé, l'histoire lui montrerait Athènes radou-
bant chaque année le vieux vaisseau de Thésée ;
Rome catholique restaurant les monuments du paganisme, et sans ajouter ici l'exemple de la civilisation moderne, celui de l'Allemagne, l'Angleterre,
l'Italie etc. (81), nous lui dirions : voilà comment
agissait la civilisation ancienne, comment doit agir
dans ses proportions la civilisation actuelle des
cités ; et si c'est trop pour elle encore que d'entre-
tenir ces ruines, qu'elle laisse du moins au tems
seul le soin de les abattre.

Ce n'est pas cependant que plus d'une fois dans
St-Omer, l'homme du 19e. siècle ne se soit montré
le digne fils de la civilisation ; mais pourquoi faut-

il qu'en cette circonstance il ait si mal compris et sa noble mission et l'intérêt de son pays?......

Arrêtons toutefois ici des regrets que l'amour des arts et de la ville natale a portés déjà trop loin peut-être, et au-delà de notre sujet, remontons à *Sitiu*, dans l'église Notre-Dame, et là, près de la tombe de St-Omer, sur cet autel exilé de St-Bertin, déposons avec les éloquens souvenirs et les généreuses pensées de quelques-uns de nos compatriotes, cette dernière espérance du moins d'avoir pour quelque tems encore obtenu grâce en faveur d'une aussi grande infortune.

NOTES

HISTORIQUES ET ARCHÉOLOGIQUES

EN EXPLICATION ET DÉVELOPPEMENT DU TEXTE.

(I) *Établissemens religieux.*

L'histoire de ces âges est tout entière en effet dans les cloîtres ; c'est là qu'était passée l'activité intellectuelle ; et l'éducation et ce qui pouvait rester encore de littérature ne se rencontraient que parmi les clercs.

On écrivait toutefois, et plus qu'en aucun tems peut-être ; mais tout était légendes et sermons (v. *les Bolland.*) Ce n'était point pour la postérité que l'on travaillait, mais pour accroître l'influence ou l'autorité religieuse sur les peuples. Aussi les seuls actes qui nous soient parvenus de ces tems d'obscurité et de silence historiques, que l'on a souvent dépeints comme des siècles d'apathie et de stérilité morale, ne sont autres, pour la plupart, que des actes de donation. La munificence envers les clercs était la vertu prônée, la seule peut-être qui subsistât : car la morale n'était plus que dans les traditions religieuses ; hors de là tout était dépravation, brutalité, domination des forces matérielles. « Mais la religion, nous dit M.
» Guizot, jetait par la douceur et la bienfaisance des hommes de
» Dieu, un remède efficace au-devant de tout ce que les passions
» avaient alors d'effréné...... Là du moins, ajoute-il ailleurs, à
» travers des fables on voyait dominer la vertu ; et les légendes
» étaient offertes aux peuples comme les contes orientaux à l'oisi-
» veté des musulmans.... Les maisons religieuses étaient utiles alors
» comme des lieux où se conservait le feu sacré de la chrétienté,
» et d'où découlait cette sensibilité bienfaisante qui pouvait seule
» consoler la nature des crimes du siècle. » Voilà le caractère de ces tems au milieu desquels parut St-Omer, caractère dont l'influence persista bien au-delà, pour aller en décroissant ensuite jusqu'à la renaissance des lettres, et qu'il importe de ne point perdre de vue, pour bien apprécier les résultats que durent produire sur le peuple d'une petite ville ces longs débats religieux, agités, renouvelés avec certain acharnement autour de la châsse du patron, et entre les deux grandes puissances ecclésiastiques de la cité.

(2) *La ville de St-Omer.*

Suivant Mabillon ce serait à la célébrité de l'Abbaye de St-Bertin que cette ville devrait son origine : « *urbs à monasterii cele-*

britate orta, (saec. 3, Pars 1, p. 106, n°. 8,) et cependant
Yperius lui-même, l'un de ses abbés, félicite *Sithiu* d'être ville
de St-Omer et héritière de son nom, « *gratulare plebs urbana*
» *Sithiu urbis œgregiœ,...... Nunc villa Sti.-Audomari quasi sui*
» *nominis appellaris.* (prolog.) » Cette erreur évidente de Mabillon
qu'il faut regarder plutôt comme un acte de courtoisie envers MM.
de St-Bertin, l'a porté ailleurs à répéter que le corps de St-Omer
avait été déposé en la basilique de cette abbaye, et non en celle de
Notre-Dame, (annal. Bertin. t. 2. p. 643.) qu'elle en était encore
possesseur, et que de plus il y avait vu le manteau de route ou *choppe*
du saint évêque : *certè vidimus pallium ejus pluviale in sacrario
Sti.-Bertini;* (annal. Bertin. t. 1. p. 486. et act. sanct. sept. t. 3.
p. 395) et c'est ainsi que l'esprit de communauté, comme en d'autres tems l'esprit de parti, dominait et faussait l'histoire ; là, ou-
trant la louange pour ses favoris, et ailleurs plein de fiel pour tous
ceux qui l'avaient pu blesser ; racontant, comme le fait Yperius,
la longue série des malheurs arrivés à ceux qui, depuis Charles-
le-Chauve jusqu'au roi Jean, avaient causé quelque tort à l'abbaye
de St-Bertin, et attribuant la perte de la bataille de Poitiers à l'in-
dévotion de ce dernier roi, qui après l'exécution du Connétable,
avait osé jouir du comté de Guines, au détriment de cette Abbaye. Heureuse encore alors la vérité, comme le peuple, quand
elle trouvait jour à travers quelques dissensions du clergé pour se
soustraire à son influence.

(3) *Hebbingahem.*

Ce nom exhumé au 18e siècle d'un soi-disant *mémoire* du 13e ou
14e, et sans autre garantie d'origine, à vrai dire, que l'allégation
du chapitre, n'a contre lui néanmoins ni invraisemblance, ni intérêt historique qui le doive repousser.

D'après le passage du mémoire invoqué par le chapitre, « *Adroal-*
» *dus, illustre en son tems seigneur d'Hebbingahem, qui après fut*
» *nommé Sithiu, et maintenant St-Omer, donna à M. St-Omer,*
» *lors évêque de Térouane, pour certaines et justes causes au*
» *proufit et commodité de son église, construite en l'honneur de la*
» *Vierge, mère de Dieu, plusieurs terres et seigneuries. ......*
» *Comme appert par livres anchiens de l'église de St-Omer.* » —
Ces autorités n'ont pu toutefois être retrouvées dans les archives du
chapître ; mais si l'on admet l'existence du mémoire, celle des
livres *anchiens* devient pour le moins aussi admissible en l'état des
choses ; et par une conséquence ultérieure, celle enfin du nom *Heb-*
bingahem qui signifierait, suivant Hennebert (t. 1, p. 25), *maison*

d'Hebbin. (V. 5 : Vérité de l'hist. de St-Omer ; v. aussi M. *Piers*, p. 9 , et le manuscrit du 9ᵉ ou 10ᵉ siècle qu'il explique.)

Ce fut d'ailleurs au milieu d'un nouveau procès avec l'abbaye que ce nom fut prononcé ; et l'on cria aussitôt à l'invention dans le camp ennemi , sans cependant en indiquer un autre. Est-ce donc que ce lieu n'ait jamais porté que le nom de Sitiu ? Ou dans le cas contraire , le précédent était-il Hebbingahem ? Ce sont là de ces questions intarissables qu'il vaut mieux laisser tomber devant l'absence d'intérêt.

Quant au nom de Sitiu , le travail des étymologistes autour de son origine est vraiment encore une œuvre curieuse de chronique.

C'est d'abord du composé Celte *siet-hui*, (*conspicua elevatio*), ou *serinck* , qu'on le fait descendre ; et l'on voit en effet vers cette époque une école célèbre de la Normandie nommée *Sithiu* ; (v. *Guizot c*. de 1830) c'est ensuite du nom *des Scythes* , comme principe de l'origine Gauloise ; puis du composé *sit diù !* puis de *situs Dei* ; puis de *Situs* , moisissure , caractère particulier des lieux humides ; puis de *Situs* , nom , dit-on , d'un ancien chef des Morins ; puis de *Sitius* , nom d'un lieutenant de César , qui y aurait élevé une forteresse ; puis enfin , et plus généralement de *Sinus itius* , ou golphe itius (v. n. 4.) dont on a fait *Sitius* , et ensuite *Sitiu*. (v. *Malbrancq* , t. 1. , *Hennebert* , manuscrit de 1646, Histoire d'Artois sous les Mérov. p. 91 , et *Yperius* prol. p. 447).

(4) *De vastes marais , etc.*

En traçant ici l'aspect de Sitiu et tel que nous le montrent les auteurs et sa situation topographique , (v. *Strabon* , l. 4 , *César*, *Petrone* , manuscrit de 1646, *Malbrancq* , *Deneuville* , Mᵉ *Allent* etc.,) notre pensée n'a pas été d'y fixer le *gessoriacum* ou le *portus itius* , ni d'intervenir pour notre part dans cet interminable procès , débattu , jugé déjà en 88 ouvrages , tant imprimés que manuscrits , et si différemment d'abord , que ce point d'embarquement de César s'était trouvé à la fois en dix-neuf lieux différens. Nous dirons seulement qu'après ces nombreux débats , la discussion resserrée dans des limites plus raisonnées , plus concordantes avec le récit de César, et spécialement alors autour des noms de St-Omer, Sangate, Calais, Boulogne , et Wissant , paraissait avoir pris fin désormais sous la prépondérance du nombre, ainsi que des arguments, et avoir nommé *Wissant* avec ses hauteurs et ses travaux de défense et son ancien port , pour le *portus itius* ; *Sangate* , pour le port supérieur; *Ambleteuse*,pour celui indiqué comme *paulò post infrà*, ou *ulterior*, et *Boulogne* enfin pour la cité Gauloise et Romaine successivement appelée *Gessoriacum* et *Bononia.* C'était là ce qu'avait parfaitement résumé de nos jours M. Henry dans son *essai sur le Boulonnais ,* et ce qu'il avait appuyé *de ses dix-neuf dégrès de probabilité,* (p. 62.) et des graves autorités de *Cambden , Gibson, Baudran, Ducange, Fontena , Danville , Gosselin , Lefèbvre , Leveux ,* etc.

Cependant cette opinion de Malbrancq , long-tems isolée mais qu'avait plus tard adoptée Deneuville , (t. 1er) ainsi que Bernard de Calais , (ch. 2 , de ses annales) et qui nous présentait une large baie au fond de laquelle *Sitiu* et *Sorriec* comme ports d'intérieur ; à l'entrée , *Sangate* comme port d'embarquement et très-rapproché de l'Angleterre; de plus un vaste abri, des ressources nombreuses pour réparer et confectionner des vaisseaux , et enfin près de Sitiu l'embouchure d'une petite rivière nommée *Meldique ,* dont le nom semblait être l'explication de ces lieux *in meldis ,* où César avait fait construire 40 vaisseaux que la tempête avait refoulés dans le port même d'où ils étaient partis, cette opinion, disons nous , a trouvé depuis lors, un puissant défenseur dans M. le chevalier Allent , qui par une dissertation pleine d'érudition et d'intérêt, a relevé les balances de l'opinion publique , et remis en question le procès. Il est vrai , que déjà sentence nouvelle en faveur de Wissant a été prononcée par la Société de Boulogne, ou plutôt par feu M. Marmin, l'un de ses membres distingués (mém. de 1831). Mais cette sentence savamment motivée, conforme à l'opinion que nous nous étions formée d'abord sur ce point historique , ne nous paraît pas avoir entièrement détruit les raisons de M. Allent ; et , après les avoir lues , nous croyons avec lui que *adhuc sub judice lis est ,* et qu'appel échet de la sentence.

Quant à nous , et pour la justification de notre texte , il nous suffira de montrer que de son port de *Sitiu ,* le corsaire Adroald avait pu lancer sur la côte ses hommes d'armes , ses embarcations ; que là aussi César avait pu préparer des vaisseaux ; et ce double point déjà justifié par cette dissertation sur le port Itius , a pour appui de première part , l'unanimité des historiens qui ont parlé d'Adroald , et de deuxième part , l'autorité du rouanais *Turnebius ,* laborieux écrivain du 16e siècle , et de *Josse Hondius ,* Géoagraphe flamand, qui , tout en regardant Calais comme le port où s'était embarqué César, le désignent « comme le *débouché du golphe Itius* » que formaient auprès de St-Omer les eaux de l'Aa » ; et enfin l'autorité même de M. Henry, qui, à la suite de ce passage des commentaires dont nous venons de parler , ajoute, (p 57) » que ces » 40 vaisseaux furent probablement retenus par les vents contraires

» vers le fond du golphe de l'Aa, prés l'embouchure de cette rivière,
» et que ce qui paraît donner quelque poids à cette conjecture c'est
» que l'on trouve aux environs de St.-Omer une petite rivière qui
» se jette dans l'Aa, et qu'on appelle *Meldick*. » (V. aussi *Devienne*
et MM. *Piers*, *Collet*, *Wallongue*.)

(5). *Une grosse tour*, etc.

L'existence de cette tour est de même que celle du temple, un
fait avéré au regard de tous les auteurs qui ont écrit sur l'origine de
Sitiu, c'est là ce que nous apprennent Malbrancq, t. 1; Ypérius,
t. 3; Hennebert, t. 1, p. 25; Deneuville, t. 1; Dom de Vienne,
t. 1; l'histoire d'Artois, sous la première race Mérovingienne,
p. 90; un manuscrit très-ancien, cité par M. Piers, p. 9, et côté
n° 698, en la bibliothèque de cette ville, et un autre de 1646,
provenant de la bibliothèque de M. de Valbelle.

Quant à l'époque de sa construction, les uns l'ont reportée au
tems des Gaulois, d'autres à l'invasion romaine, quelques autres à
des tems postérieurs, et chacun encore sur ce point a débité ses
conjectures. Il nous semble toutefois qu'il est ici d'abord un point
de départ qui déjà vient resserrer singulièrement le terrain de la
discussion ; c'est la nature même de cette construction. On est
généralement d'accord en effet, que cette tour de défense, flanquée,
dit-on, d'épaisses murailles grossièrement élevées, était *façonnée*
avec des pierres blanches, et un ciment plus dur encore, qui lui
donnait l'aspect d'une masse calcaire. Or, si l'on revoit dans
César, ces anciennes constructions de défense élevées par les Gaulois, et que l'on retrouvait même encore sous Clovis, il n'est rien
de semblable à celle-ci, rien qui ne repousse la haute antiquité
qu'on lui veut attribuer. De larges poutres, longues de 40 pieds
environ, posées sur leur profondeur à distance de 2 pieds l'une de
l'autre, et assujetties à des poutres transversalles ; entre deux, et
sur le devant, d'énormes pierres taillées carrément, serrées et liées
avec ces poutres par des barres ou des chaînes de fer ; pour appui,
des masses de terres entassées dans les interstices et sur toute la
profondeur du rempart ; en aspect, et par la disposition alterne des
pierres et des têtes de poutres, le dessin agréable d'un échiquier ;
pour résultat, l'inappréciable avantage de résister à la fois au bélier
comme à la flamme; tel était le rempart gaulois sur divers points du
territoire, et principalement vers le Midi. Au Nord, et en Morinie
comme chez les Nerviens, (*Daniel*, mil. Franç. t. 1.—L. 7.—1.)
des fossés d'enceinte doublés d'une haie ou d'un parapet; des tours

quelquefois, mais formées de bois ou d'argile : voilà leurs constructions ou travaux de défense, quand la nature ne leur avait point
donné d'autres ressources qui les pussent mettre à l'abri des invasions. (Cæs. eod.)

Sans doute, ils connaissaient la marne, et savaient déjà l'employer soit à diviser ou échauffer la terre, soit à blanchir l'argile
qui couvrait leurs habitations. Sans doute, elle était, ainsi que la
pierre blanche, en abondance aux environs de Sitiu ; mais les
Gaulois, et les Morins principalement (habitans de cette bourgade),
savaient-ils la cuire, la préparer de manière à former ce ciment et
cette maçonnerie si dure, que l'on remarquait à la tour d'Adroald ?
C'est ce qui n'est rien moins que fort incertain encore. Aussi, pensons-nous, d'après ce qui précède, qu'on ne saurait voir au plus en
cet édifice qu'une construction romaine, ou gallo-romaine ; quelque débris peut-être, du campement de César, que plus tard
Adroald, ou tout autre chef avant lui, avait fait rétablir ou restaurer ;
ou même encore une construction nouvelle, postérieure à l'invasion
romaine : car il est à l'égard de cette dernière opinion comme de la
précédente, même raison et partout même difficulté de décider ;
l'impossibilité n'existe, selon nous, que relativement à la première.

Deneuville cependant, qui paraît lui accorder la préférence, fait
mention, en son tome premier, d'un *château élevé au milieu du bourg
de Térouane*, et cite à l'appui de ce fait l'autorité de César, qui
sans parler aucunement de *château*, dit néanmoins que *les édifices
des Morins furent détruits*. Mais que conclure de cette expression
générique *ædificia* ? ne peut-elle s'appliquer à toute construction
d'argile ou de bois ? et par exemple, à l'immense cabane d'Attila, tout
aussi bien qu'à quelque construction de pierre ? et en admettant
même, par hypothèse, l'existence d'un château fort à Térouane,
s'en suivrait-il nécessairement qu'il dût être fait de pierres, et que
par suite, un autre *de même nature*, ait également existé alors au
petit bourg de Sitiu ? Le silence de César qui a dû visiter ce lieu ; sa
description des tours de défense employées par les Gaulois, et
formées, suivant lui, *de bois*, quelquefois recouvertes *de cuire* ; le
modèle enfin des constructions germaines que nous a laissé Tacite,
sont une dernière réponse à l'objection et à toutes les aventureuses
raisons de nos vieux chroniqueurs.

MM. Henry et Hédouin ont, il est vrai, trouvé près de Boulogne,
et dans l'un des bâtimens *du moulin l'abbé*, un monument gaulois ;
mais ce n'est évidemment qu'à la statue du *Dieu assis*, ou *Jupiter
Édéen*, selon eux, qu'ils ont attribué cette origine, et non à la
muraille de pierres blanches et de grès, dans laquelle elle se trouva

incrustée , et posée même entre un plein ceintre et une ogive. Il n'est donc encore aucun argument avantageux à tirer de leur opinion , ou mieux de leur simple conjecture , pour justifier cette proposition que la tour de Sitiu était bâtie avant l'arrivée de César.

Que Deneuville maintenant nous raconte avoir vu de son tems , c'est-à-dire au commencement du 18e. siècle, des débris de cet ancien château d'Adroald , *débris* dit-il , *composés de pierres brutes liées ensemble comme le roc.* Soit , le fait n'est point impossible ; il est de plus , appuyé de quelques autres témoignages ; mais que M. Collet nous vienne donner aussi , comme reste de ce même château , l'arcade en briques rouges qui forme encore aujourd'hui l'entrée de la motte ; c'est nous supposer vraiment une foi plus qu'évangélique , et se mettre en opposition d'ailleurs avec la nature et la forme de sa construction , avec cette ancienne tradition qu'un vieux souterrain en était l'unique entrée , et avec le tems lui-même qui n'en a point encore usé les briques.

(6) *Habitations des Celtes.*

Ces anciennes habitations des Celtes , que l'on regarde le plus généralement comme les originaires du pays , étaient la chaumière ronde , que nous retrouvons encore dans nos campagnes , dont a parlé César dans ses commentaires , (l. 5 et 7) et dont on voit le type dans ces habitations Germaines , reproduites parmi les dessins de la colonne Trajane , ou dans les annales de Tacite. (de *Mor. Germ.* cap. 5— et aussi *Strabon* , l. 4 et 5.)

(7) *Monument évangélique de St-Fuscien.*

St.-Fuscien et St.-Victoric , envoyés du pape Denis , étaient venus , vers 272 , évangéliser le peuple de la Morinie , et durant 30 années, l'un dans le Boulonnais, l'autre sur le territoire de Térouane, ils avaient rempli avec courage et succès leur pénible mission , lorsqu'en décembre 302 les persécutions de Dioclétien et de Maximin , terribles sur-tout sous la main de *Rictouare* , préfet du Belgium , vinrent les saisir du milieu de leur travaux et les jeter à Amiens sous la hache du martyre. Ce fut durant son apostolat que St-Fuscien avait fait bâtir sur le mont *Hellefaut* , cette chapelle dédiée à la Vierge , et la première , selon Malbrancq , que l'on ait élevée en Morinie. Ce n'était point cependant pour la première fois que la voix du christianisme retentissait en cette contrée , quoiqu'on ait considéré ces deux martyrs généralement et à juste titre comme les premiers apôtres du pays.

(35)

Déjà au rapport de divers auteurs (*Polid. Virg.*, *hist. angl.* l. 3., *Malbrancq*, t. 2, l. 2, c. 6. *Bernard*, annales de Calais, *Deneuville*, t. 3), quelques missionnaires , *Avimalie* et ses onze compagnons , portant l'évangile au-delà du détroit , y avaient planté , en passant , l'emblême de la Rédemption ; plus tard , et à la suite de ces longues années de prédication et de vertu , imprimées au cœur des Morins comme un religieux souvenir de St-Fuscien , après encore des invasions , des persécutions nouvelles , étaient venus successivement au commencement du 5e siècle, sous le règne plus propice de Valentinien et Théodose , d'abord St-Quentin ; puis St-Victrice (ancien compagnon d'armes de St-Martin , et alors archevêque de Rouen) , qui avaient relevé l'église de Térouane , et la foi de ses peuples abattue sous l'effroi des tortures. Mais sur ces premières empreintes du christianisme avait immédiatement passé tout un siècle de fer ; les Suèves , les Allains , les Vandales , toutes ces hordes aventurières de l'Allemagne ; Attila et ses Huns ; Clovis et ses Francs ; et tout avait été détruit , bouleversé : Térouane et ses habitans , les germes de la civilisation romaine, et ceux de la morale évangélique. Puis un jour , quand du milieu de ce cahos de misère , de cette sanglante confusion de peuples , put reparaître une pensée de religion , et avec elle quelque souvenir du passé , le Morin, libre de son choix sous un vainqueur qui tolérait les mœurs du vaincu , se rappela les faciles déités du paganisme ; le Franc y retrouva lui-même quelqu'analogie avec ses divinités germaines ; le christianisme au contraire , si tant est qu'on s'en ressouvint , ne fut plus aperçu qu'au milieu de ses abstinences , de ses tortures , de toutes les calamités dont il avait été lui-même accablé ; et bientôt ce qui restait d'industrie refit , à l'exemple de ses anciens maîtres , des statues de Mars , de Bacchus , des dieux du Capitole.

Cependant à côté de quelque vieille pierre druidique , recouverte de mousse , se devaient rencontrer encore çà et là sur le sol de la Morinie , quelques débris de la croix.

Sous les coups même de l'invasion , et de 455 à 461 , St-Maxime , dont le chef, depuis le sac de Térouane , reposait en l'église Notre-Dame , préchait et mourait en apôtre au milieu de la bourgade de Wimes. Bientôt *Clovis* victorieux recevait le baptême. En 550, *St-Antimond* , premier évêque de Térouane, élevait à Clarque, (près d'Aire) une église de St -Martin , et déposait sa tombe en un monastère de Wisernes , (v. *Depretz*, chron. de Ther. , arch. id. *Bernard* , *Malbrancq*, *Gazet et Deneuv.* t., 3, p. 13,) comme un rappel aux vertus de St-Fuscien , dont la chapelle se ruinait misérablement à quelques pas de là. *Athalbert* , son successeur et son

émule , à qui le pape Jean II , avait confié l'éducation de la prin-
cesse Radegonde , devenue si parfaite , dit-on , en ses mains , que
Clotaire en avait fait son épouse , St-Athalbert consacrait comme
son devancier son crédit et ses efforts à détruire l'idolâtrie , et
pour y mieux parvenir expulsait de Térouane , le payen Philibert
(*Malbrancq* , id. et aut. cités.); mais à sa mort (572) , la Morinie cinquante-cinq années sans prélats , et sa jeune église délaissée à son berceau , quelques missions dans l'intervalle , (celle entr'autres de St-Sauve) , mais éparses et sans écho pour les répéter ; l'exemple *même* de Clovis sans résultat ; et le sang de Cha-
raric , dernier Roi des Morins * , que l'impitoyable politique du
vainqueur égorgeait avec son fils , protestant contre la religion du
meurtrier ; toutes ces circonstances enfin avaient dû rendre au
Paganisme une activité , une force nouvelles , et tel était encore
alors l'esprit de ces peuples , bien que la propagande chrétienne
les enveloppât de tous côtés , qu'il fallait un homme d'une vertu
supérieure , et soutenu sur-tout d'une grande puissance pour les
pouvoir amener à la foi. Tel fut Omer ; et telle a été jusqu'à son
arrivée la lutte que le christianisme avait à diverses reprises essayée
contre les événemens et le caractère des habitans de la Morinie.
(V. Auteurs ci-dessus et *Gazet* hist. eccl. et tab. Sac. p. 92) Ajoutons toutefois qu'en désignant Antimond et Athalbert , comme les
premiers évêques de la Morinie , nous avons suivi l'opinion le plus
généralement admise , qu'il est cependant contre leur existence ,
contre tout épiscopat même antérieur à St.-Omer et durant les 4e.
5e. et 6e. siècles , des raisons , des autorités graves auxquelles nous
croyons devoir renvoyer le lecteur (V. act. sanct 9. sept. t. 3. p.
387 et 399.)

(8) *Grand buveur de Cervoise.*

Mars et Bachus devaient être en grande vénération chez un peuple
passionné pour la guerre , et tellement aussi pour les liqueurs fortes
qu'on le vit maintes fois jeter sa vie , sa liberté au devant d'une
coupe de vin. (Athén. l. 4 et Appian. celt.) Ces dieux , ainsi
que Mercure , devaient être également pour le corsaire Adroald ,
des divinités favorables. Mars d'ailleurs, plus connu dans les Gaules
sous le nom de *Belenos*, avait eu son temple, sa statue au milieu de
Térouane et à Boulogne. Le Bacchus du nord des Gaules n'était en-

---

* *C'est par inadvertance sans doute , que M. de Chateaubriand
en a fait dans ses études historiques un Roi de St.-Omer.*

core , au dire de l'empereur Julien , qu'un *buveur de cervoise* , mais c'était déjà , sous la blouse gauloise , le flamand de Téniers , assis sur un tonneau de bierre , le pot et le verre à la main. C'était le dieu de l'ivresse ; et à défaut de vin dont l'usage peu commun était prohibé d'ailleurs par les institutions des belges , des nerviens, (v. *César* , l. 29) et sans doute aussi des morins , on s'enivrait de *cervoise* , espèce de liqueur composée de grains et de sève d'arbre d'abord, puis de houblon , fermentés ensemble, (*Diod Sic.* l. 6.) C'était là le nectar de leurs nombreux festins , la boisson qui leur venait apporter l'ivresse en solde de leurs exploits. (*Herod.* l. 5 , *Strabon* l. 4.)

Dans leurs statues cependant Bacchus était toujours le dieu du vin. C'était celui de Rome qu'ils représentaient à l'imitation de leurs maîtres ; et indépendamment des nombreuses statuettes de Bacchus, découvertes sous les ruines des anciennes villes Gallo-Romaines de notre contrée , nous citerons , pour témoignage plus particulier du fait , un petit bronze à demi usé , que l'on a trouvé en 1824 sous les fortifications de St-Omer, derrière la motte Sitiu , et qui représente Bacchus en forme de Dieu *therme* , un bras devant et l'autre derrière le corps , couronné de feuilles de vigne, et tenant dans chaque main une grappe de raisin.

Quant à Minerve , que l'on peut s'étonner de voir honorée au milieu d'un clan de pirates ; son culte, son temple . ses statues sont des faits avérés , au rapport presqu'unanime *des* historiens. Ils auraient également pour appui la découverte d'une statuette que nous a montrée le docteur *Desmarquois* ; mais elle est si fraîche encore, et l'on a tant fabriqué de statuettes et de médailles antiques à certaine époque de notre histoire, que nous craignons vraiment quelque méprise sur son origine et le lieu d'où elle est tout à coup sortie. Le fait au surplus n'en demeure pas moins constant; et ce culte, ce temple de Minerve, restés là comme un débris de l'invasion romaine, furent sans doute pour le pirate d'alors , ce qu'est aujourd'hui pour le corsaire , la madone et sa chapelle.

(9) *Vieux débris du culte druidique.*

On retrouve encore, sur le territoire de l'ancienne Morinie divers monumens druidiques ; et tels sont entr'autres : le *Dolmen de Servain* , le cercle de *Landerthun* (le Nord) , le *Dieu accroupi du Moulin l'Abbé*, dont M. Henry, dans son essai historique , p. 240 , nous a donné le dessin et l'origine présumée. Il en devait rester un grand nombre à l'arrivée de St-Omer, Chaque bourgade avait près

d'elle quelque monument tumulaire , quelque *Cromleck* , quelque
Dolmen. La colline de Sitiu avec ses bois , ses vieux chênes , était
propre aux cérémonies, à l'enseignement du culte druidique ; et l'on
y put rencontrer dès-lors quelque débris de cette antique religion ,
comme on vit plus tard, et presque partout, s'élever des monastères
également sur le sommet ou la pente de quelque hauteur, en quelqu'endroit isolé.

(10) *Un chef à longue chevelure.*

On sait qu'une longue chevelure était parmi les Francs un em-
blème de puissance , de dignité ; c'est ainsi que la portaient leurs
chefs , les grands , nos premiers Rois , et sans doute aussi le chef
de la petite Bourgade de Sitiu. (V. *Montfaucon*, monum. de
la monarc. Française t. 1 , p. 15 et 26. , et *Grégoire de Tours* ,
l. 2. c. 9.). Un ancien et curieux manuscrit sur velin , intitulé
*Vita sancti Audomari,*déjà cité (note 5),et dont la date toutefois ne
peut guères remonter au-delà du 10°. siècle , en représentant, dans
un grand nombre de tableaux, les principaux actes de la vie qu'il
raconte, vient par ses dessins , ses rapports de costumes , confirmer
le fait ci-dessus avancé : ainsi , dans l'un des premiers tableaux , on
voit St-Omer arrivant chez les morins , et ceux-ci la barbe et les
cheveux courts , sans autres vêtemens pour la plupart qu'une
légère tunique en forme de blouse (v. *Strabon* l. 2) qui descend
jusqu'aux genoux , un pantalon collant , et une espèce de brodequins noirs taillés en pointes.

On voit plus loin, dans un autre tableau,*Adroald* faisant don à St-
Omer de la terre de Sitiu, et ce chef,la barbe et la chevelure longues,
portant sous un riche manteau de pourpre qu'entoure un large galon
d'or (v aussiVirg.Æneid. l. 8. v. 639), une courte tunique bleue sous
laquelle dépasse une autre de tissu blanc , puis un pantalon collant
vert,des brodequins quelque peu galonnés,plus pointus, mais du reste
de même forme et couleur que les précédents. Quant à St-Omer ,
c'est de son côté les cheveux courts, et avec l'auréole de la sainteté,
qu'on l'a dépeint. De haute taille, comme Adroald , il est couvert
d'un large et riche manteau qui l'enveloppe jusqu'aux pieds et dont
une partie retombe en pointe sur le devant ; sa chaussure est aussi,
comme celle d'Adroald et des morins , une espèce de brodequins à
la poulaine. Voilà , d'après ce manuscrit , les portraits et les vêtemens de ces divers personnages. Ces dessins grossièrement faits, et
à deux siècles de l'époque qu'ils représentent , ne peuvent être une
garantie sans doute de la fidélité des costumes, mais comme ils
ont été tracés avec les souvenirs , ou les idées que l'on devait avoir

alors du 7ᵉ siècle, ils offrent néanmoins un certain intérêt historique qu'il y aurait faute de négliger.

(11) *Leur maître désormais.*

La bourgade d'alors, c'est encore la tribu Gauloise, le Gaw, le clan d'Écosse, le type du domaine féodal. Son chef militaire, c'est encore aussi celui de la vieille société germanique, l'élu de la valeur : car la royauté seule avait ses degrés posés sur la noblesse : *reges in nobilitate, duces ex virtute sumunt,* nous dit Tacite (de Mor. germ. ch. 7), et tel est, d'après Montesquieu, le principe qui domine les grandes et petites royautés de la 1ʳᵉ race. (Esp. des lois, l. 31 ch. 3 et 4; v. aussi *César, Amien Marcellin* et *Tacite* ch 1, 25,33, et 42).

Ainsi, au-delà de Sitiu, c'est le chef de famille, propriétaire et magistrat domestique, maître chez lui par-dessus tout, et autour duquel s'agitent à distances diverses, et sa famille, et l'esclave dont le travail lui appartient tout entier, et le colon qui cultive, en son habitation isolée, les terres qu'il lui a cédées moyennant redevance.

A Sitiu, et sous Adroald corsaire, c'est quelque chose encore de la tribu aventurière ; c'est aussi la petite peuplade de pêcheurs et de marins, campée avec ses femmes, ses enfans et quelques esclaves, sous des huttes et auprès d'une tour de défense, où veille à la garde de ses trésors une divinité qu'elle comprend à peine, et bien moins sur-tout que Mars et Bacchus, mais à laquelle néanmoins elle sacrifie avec ferveur à chaque retour d'expédition. (V. *Cés*. l. 46, 3 et 7. *Strabon*, l. 4, *Diod. Sic*, l. 5.)

Plus tard et à l'arrivée d'Omer, Adroald est déjà le grand propriétaire, le maître féodal. Bientôt c'est l'homme dévôt, premier type de celui du moyen âge qui jète au-devant d'une religion nouvelle, et pour en obtenir tranquillité de conscience, des richesses que le brigandage et la piraterie lui ont procurées (v. *Ypér*., *Malbr*., *Deneuv*., *Henneb*. et *Devienne*.)

(12) *Castel d'Ascio.*

Ascio, aujourd'hui *Aix*, village entre Pernes et St-Pol, à six lieues de St-Omer, (v. *Malb*., *Deneuv*., *Maillard*, cout. d'art., MM. *Bailly*, p. 7 et *Piers*, p. 10). Certain écrivain en avait fait *Arcques* près de St-Omer, (v. *Maillard*, eod.), mais c'était évidemment par confusion de *Walbert* avec *Adroald*.

(13) *Brillant élève de Luxeuil.*

Omer était né, croit-on, vers 597, non loin du lac de Constance, au lieu nommé *Goldenthal*, en français *Val d'Or*. Ses parens ,

Friulphe et Domitile, issus , dit-on , des rois d'Austrasie, des ducs de Loraine et de Brabant , y possédaient une fortune considérable. Après la mort de sa mère , il détermina son père à vendre tous ses biens pour les distribuer aux pauvres , et à se retirer avec lui à l'abbaye de *Luxeuil* , située en Franche Comté , et gouvernée alors par *St-Eustase*. C'est là que par ses vertus et sa capacité il sut bientôt se distinguer des autres , et prépara cette haute réputation qu'il a laissée après lui. St-Bertin , qui était son proche parent, fut également un des élèves distingués de ce monastère. (v. *Yper.*, *Malbr.* , t. 1 , *Deneuv.*, t. 1, *Act. Sanct.* , 9 sept. t. 3, *Gazet* , p. 269, *But-ler* , 8 sept. , M. *Bailly* , p. 8 , et n. 14 et aussi 19.)

(14) *Autorité de ses miracles.*

C'est entr'autres à *Kernes* , une source qu'il fait jaillir sous sa crosse , et un enfant aveugle né qu'il rend à la vue ; à *Renty* , un autre aveugle , sourd et muet qu'il guérit; à *Journey* (ou *Journy*), une croix lumineuse qui apparaît sur l'arbre où il s'était reposé , au *gessoriacum*, un serviteur sauvé du naufrage en invoquant son nom, et au même lieu , une veuve au désespoir , qu'il rend au calme et à la raison. (*Act. Sanct.* 9 sept t. 3 p. 397 , 400, 404 et 408.) C'est à l'appui de tous ces faits, dont l'imagination et la foi des peuples ont créé autant de miracles , une éloquence *cicéronienne* , *tullianum eloquium* , selon l'expression de Malbrancq (t. 1 l. 3 , ch. 11) ; et sur sa tombe plus tard une puissance redoutable aux parjures , et la crainte qui raconte , qu'un débiteur , un jour, avait perdu la parole pour avoir faussement juré, sur cette tombe, qu'il ne devait rien (v. *Act. Sanct.* , ut suprà p. 400, et *M. S. Vita Sanct. Aud.*, n° 698 , *Malb.* t. 1, l. 3, ch. 43 et ut suprà ; *Butler* , 9 sept. et *Deneuv.* , t. 1 et 3.)

On peut voir également,sur les miracles postérieurement advenus autour de son tombeau , les auteurs ci-dessus et particulièrement les Bollandistes. (*Act. Sanct.* eod. p. 392 , 395 , 401, 405 et 411, etc.)

(15) *Avait fait don à St-Omer.*

Nous croyons ici l'opinion du chapitre plus conforme à la vérité historique , et appuyée d'ailleurs de documens et de témoignages plus désintéressés. On peut consulter au surplus en ce point , les mémoires et autorités respectivement produits par le chapitre et l'abbaye , savoir entr'autres : *Mém. pour le chap.* Part. 1 p. 27 *Vérit. de l'hist.* p. 77 , 136 , 308 . etc , *Dissert. de l'abbaye*, p. 3 et 301 , et *origine de l'église de St-Bertin et de St-Omer*; puis

Ypér., ch. 1. part. 8 , *Aub. Mir.* t. 1 , *Mall.* t. 1 , *Gallia Christ.* , t 3 , col 485, *Egl. Gall.* t. 3 , p. 523. *Gazet* , p. 289 , *Act. sanct.* 5 et 9 sept. 2 et 3 v., l'*Artois* sous les Mérov. et *Collet* , p. 20.

Nous pourrions ajouter que la plupart de ces auteurs se sont copiés les uns les autres , et pour notre compte essayer aussi quelques réflexions au milieu de ce chaos d'assertions divergeantes; mais *cui bono ?* et aujourd'hui que les *églises* ne sont plus en lice avec leurs champions et leur rivalité, que nous importe au demeurant que St-Omer ait reçu d'abord la terre de Sitiu pour en gratifier ensuite St-Bertin et St-Momelin , ou que par son entremise la donation ait été faite directement à ces abbés ? Certes, si ces débats, en eux-mêmes et comme *monumens* de chronique , peuvent offrir intérêt , il n'en est guères ainsi parfois de leurs objet.

(16) *Oratoire dédié à St-Martin.*

Cette première église de Sitiu fut bâtie sur la partie des fortifications que l'on nomme *fort cravatte*, et au nord de cet ouvrage. Elle fut la première , et long-tems aussi la seule paroisse de la ville ; mais définitivement séparée d'elle , vers 902 , par la nouvelle enceinte garnie de murailles que Baudouin-le-Chauve venait de donner au bourg de Sitiu , elle ne fut plus désormais qu'une paroisse extérieure , que quelques siècles après on transportait non loin de là au milieu du faubourg du *nord* , ou de *St. Martin au Laërt* , et dans l'emplacement qu'elle occupe encore aujourd'hui.

Ce fut à cette première époque , et jusqu'à ce qu'on eut élevé près d'elle l'église *de Ste Aldegonde*, que Notre-Dame servit de paroisse aux habitans. Mais ceux-ci fréquentaient toujours le vieux St Martin : car autour étaient restés le cimetière , et les tombes de leurs aïeux, et en face dans la murallle de la ville s'ouvrait une porte de sortie qui en facilitait l'accès. C'est de l'existence de son ancien cimetière que cette primitive église fut, suivant certains auteurs , appelée *St Martin aux lards* , par corruption du mot *lares.* D'autres cependant ont prétendu que ce mot , qu'il faudrait écrire , suivant eux , *laërt*, lui serait venu du flamand *laër* , *pâture publique*, et lui aurait été ajouté , non dès son origine, mais bien du moment de sa reconstruction en son emplacement actuel , et en indication de ce que ce lieu, qui lui avait alors été donné par la ville, était un *terrain communal.* (V. *Deneuv.* , t. 1. *Collet* , p. 27 et M. *Bailly* , ut suprà, vie de St-Omer.)

On s'est plus d'une fois étonné de rencontrer en France et sur-tout en Morinie un si grand nombre d'églises dédiées à St-Martin;

mais apôtre des Gaules , guerrier avant tout, et baptisé à Térouane (ou Arras) , St Martin était pour ces peuples le Mars de la religion chrétienne, et leur humeur belliqueuse se devait manifester naturellement dans le choix de leurs patrons.(V.*Sulp. Sev.*et *Collet*,p. 27.)

(17) *Un monastère fameux, qu'un miracle devait emplacer près de là , etc.*

A cette époque , dit-on , le nombre des religieux, qui de toutes parts affluaient à Sitiu , était devenu si considérable que son enceinte , ses cloîtres , ne les pouvaient plus contenir , et qu'il fallut songer à lui édifier une succursale.

Or , ajoute-t-on , un jour que St-Bertin , revenant de l'abbaye de St-Momelin , traversait dans sa nacelle l'immense plage d'eau qui le séparait de Sitiu, et que tout préoccupé de la nécessité de choisir le lieu où il poserait son nouveau monastère , il invoquait à cet effet l'inspiration divine , et chantait les psaumes de David , voilà qu'au moment où il en était venu à ce verset « *hæc requies mea in sæculum sæculi ; hic habitabo quia elegi eam* » , la barque tout à coup s'arrête!... C'est aussitôt, à ses yeux, la volonté de Dieu qui s'est manifestée ; il l'annonce au peuple; de toutes parts on crie au miracle , et en cet endroit bientôt, à l'aide d'immenses travaux de pilotage , de rapports de terres , une seconde abbaye de Sitiu s'est élevée , plus grande que la première , et qui devient incessamment le siége principal des deux communautés , la résidence de leurs abbés. Tel fut le monastère *d'en bas* ou de *Sitiu en l'isle* , que l'on dédia , ainsi que son église à St-Pierre , et plus tard à St-Bertin. Quant à l'ancien monastère *d'en haut* , dit aussi de *Ste-Marie* ou de *Notre-Dame* , diminué de splendeur , il resta néanmoins occupé et desservi par 60 moines , qu'envoyait et relevait chaque mois *le couvent d'en bas* , jusqu'à ce que Fridogis vint jeter entr'eux son coup d'état et détacher leurs destinées. (V. aussi *Yperius* , *Malbrancq* , t. 1 , *Oudegherst* , *Buzelin* , *Deneuville* , *Cousin hist. de Tournai*, t. 1 , *Gazet.* p. 273 , *Act. Sanct.* , 9 sept. , 3 , etc.)

Cette origine de l'Abbaye de St-Bertin , à part le mot miracle , n'a rien dans ses détails mêmes qui ne puisse être raisonnablement admis. C'était au bas de la colline de Sitiu , sur un attérissement sans doute ou quelque bas fond , mis à fleur d'eau par la haute ou la basse marée, que la barque de St-Bertin sera venue s'envaser; et ce peut être encore au moment qu'il entonnait le *hic habitabo* , que l'accident lui sera arrivé. Qu'après cela , le pieux abbé ait cru lui-même au miracle , nous ne voulons point affirmer la chose, quoiqu'au demeurant, elle ne soit point non plus impossible ; son intérêt au moins était de le dire, d'en convaincre les peuples, et la foi d'alors était si âpre au merveilleux, qu'il ne dut éprouver en cela grande résistance.

(18) *Dépouillé par l'un d'eux*, (Fridogis).

Fridogis, ou *Fridugis*, que les écrivains de l'abbaye ont en général fort mal traité, et que certains d'entr'eux mêmes ont voué à *l'exécration du monde*, à la *malédiction* de tous les siècles, Fridogis était, selon eux, Anglais d'origine, disciple d'Alcuin qui lui avait *résigné* son abbaye de St-Martin de Tours, parent de Charlemagne, chancelier de Louis le Débonnaire, homme *de déréglement*, et adonné *à toutes les voluptés* de la Cour. (V. *Folquin*, *Folcard*, *Yper*. c. 11, *Malbr*., *act. sanct.* 9 sept. t. 3, *hist. de l'église Gall.* t. 5, p. 135, *Annal. Coint.* t. 7, p. 524, *Dissert. de l'abbaye*, p. 154, 158 et 159 et *vérité de l'hist.* p. 132, 136, 137, 308, etc.)

Or, dit-on, encore, comme il n'avait trouvé dans les grands biens de l'abbaye aucune réserve pour subvenir à ses dépenses voluptuaires, qu'il voyait toutes les richesses du couvent dévolues, consommées à l'usage des moines, et *abbatiam universam tot monachorum usibus delegatam,...., nihilque suarum voluptatum usibus sequestratam.....* (*Folq.*), il imagina, *avaritiæ jaculo cœcatus*, de réduire à son profit le nombre des moines de l'un et de l'autre couvent, savoir : ceux du monastère d'en bas de 83 (ou 120) qu'ils étaient, à 60, et ceux du monastère d'en haut de 40 (ou 60) à 30 ; (V. *Yper. Malb.*, *Act. sanct.*, *Deneuv.*, etc.) ; ce qu'il exécuta en renvoyant impitoyablement le surplus.

Quant aux biens de ces deux communautés, il en partagea la masse en trois lots égaux, dont deux furent attribués au monastère d'en bas, et le troisième au monastère d'en haut. Malbrancq ajoute qu'il retint préalablement pour lui, et en avant-part, la meilleure portion de ces biens. (V. aussi *Gazet*, p. 289), mais Ypérius, et Folquin lui même, gardent un entier silence sur ce fait. Cependant les motifs d'avarice ou d'intérêt qu'ils donnent à son action, conduisent assez naturellement à cette conséquence, qui, à part l'exagération des reproches qu'ont adressés à Fridogis les écrivains de l'abbaye, n'a rien d'inadmissible, (V. *vérité de l'hist.* p. 113), à moins qu'on ne croie avec le chapitre que son goût pour la vie libre ayant porté cet abbé à séculariser le monastère d'en haut, il ne fut amené à cette double réduction qu'on lui reproche ».

que par l'opposition même qu'il rencontra parmi les moines , et qu'il dut vider alors par l'expulsion des mécontens. Certes le silence d'Ypérius et de Folquin sur la rétention préalable d'une part quelconque des biens de la communauté , cette assertion des auteurs mêmes de l'abbaye : que le *surplus* expulsé se composait des *mécontens* , donnent un puissant étai à cette opinion , et viennent r'ouvrir sur ce point, du reste peu important, le vaste champ des discussions.

Il est aussi , sur les diverses qualifications données par l'abbaye à Fridogis , d'autres dénégations du chapître. Ainsi, suivant lui , il y aurait eu confusion perfide du *Fridogis* abbé , avec le *Fridogis* chancelier , parent de Charlemagne etc. , et ces qualités , suivant le père Lecointe , ne seraient non plus que supposition de moines *nec censendi sunt expertes erroris* , *ubi illum vel Carolo magno consanguineum* , *vel Ludovici Pii cancellarium prœdicant.* (*Annal Coint.* t. 7. p. 534.). Cependant pour rompre ainsi une communauté , des intérêts , des existences , des vœux , il fallait , selon Deneuville , que Fridogis eût reçu l'appui d'un grand pouvoir , de celui probablement du Pape et du Monarque ; et dès-lors n'est-il pas naturel de croire qu'il fut ou le *parent* , ou le *chancelier d'un Empereur.* (v. *Meyer* , *Ferry* , *de Locres* , *Gazet* , *Malbr.* , et *Deneuv.* t. 3 p. 31.)

(19) *Vers 705 il fut saisi à Wavrans etc.*

Selon Malbrancq , (t. 1 p. 309, 312) et Deneuville, (t. 1), St-Omer serait né en 590 , arrivé à Térouane en 624 , et mort en 695 , de telle sorte qu'il aurait fait un apostolat de 71 années , et vécu au-delà d'un siècle. Ce résultat , hors des proportions naturelles , demande justification et autre appui sans doute qu'une simple opinion de longévité. Malbrancq lui-même semble avoir pris soin de nous mettre en garde contre son assertion , en faisant venir St Omer en Morinie vers 624 , puisque d'avis unanime, Dagobert qui l'y avait appelé, ne monta sur le trône de France qu'en 628. (*Hénault*, t. 1, *Vély*, 1. *Mezerai*, 1., *Anquetil.* , l'*Art de vérif. les dates* , t. 5 in-8°.)

Il n'est point cependant le seul qui ait fixé la mort de St-Omer en 695 ; d'autres encore , indépendamment de Deneuville , ont partagé ce sentiment, et tels sont *Ypérius* (p. 475), *Meyer*, *Henderic*, *Molanus* , *Gazet* (tab. sac.) *Depressy* (Brév. de Boul.), et de nos jours MM. *Piers* et *Collet.* Mais à côté de ces graves autorités, il en est d'autres aussi qui ont reporté ce fait à des époques bien différentes ; ainsi *Folcard* en 705 , dit-on , *Aubert-le-Mire* en 660, le père *Lecointe* et *Moreri* en 668 , *Mabillon* (ann. ben.) en 667 , et enfin vers 670 *Pagius* , les *Bollandistes* (Act sanct. sept. 3 v. p. 391 , n°. 38 , et p. 401.) Le *Grand Cartulaire* de Notre-Dame, *Butler* , *Bulteau* , *Piganiol de la force* , *Locre* , *Hennebert* , *Dom de Vienne* , *Bullet* ms. , *Michaud* d. h. , MM. *Deron* (v. n° 71), *Bailly* , et *Deneuville* enfin, t. 3. de son Ms. , où les dates ci-dessus (sans assurer cependant que ce soit de la main de l'auteur ,) sont corrigées en celles de 637 , et 670. Telle est sur ce point , comme sur tant d'autres , la divergence des opinions. Cette dernière toutefois paraît avoir la prépondérance du nombre, et selon nous aussi, jusqu'à meilleur informé , celle de la vraisemblance.

C'est en effet vers 637 au plus tard que St-Omer a pu venir en Morinie , puisqu'en 638 Dagobert cessait d'exister, (v. *Mab.* ann. bened. , *Baillet* 9 sept., hist. de l'égl. Gall. , *Act. sanct.* sept. 3°. v.) ; son apostolat, d'après l'avis dominant, aurait duré de 30 à 33 ans , (*Coint.* ad ann. 637) ; d'après ce même avis encore , il aurait été privé de la vue durant les 8 ou 9 dernières années de sa vie; il était aveugle et près de sa fin lorsqu'il assistait à la translation des reliques de St Vaast. (*Act. sanct.* ut suprà) ; cette translation , malgré le nouveau conflit de sentimens qui s'échelonnent de 630 à 694 * , aurait eu lieu vers 667 ; (*Act. sanct.* p. 391, n°. 38 , *Henschenius*, l'*Artois sous les Mérov.* p. 101 , et les auteurs ci-dessus); déjà même, vers 662, à en croire *Mabillon* (l. 2 de ce diplom.), St-Omer aurait été frappé de cécité , et son infirmité attestée par lui-même au bas de la donation qu'il faisait alors de son église à St-Bertin ** ; or de ces faits ainsi rapprochés ne résulte-t-il pas , sinon la preuve , puisqu'ils ne sont point à l'abri de toute contestation , du moins les présomptions les plus fortes , que ce fut vers 670 que décéda le pieux évêque.

L'autorité d'Ypérius est puissante sans doute , mais son erreur évidente sur l'époque de l'arrivée de St-Omer , (ch. 1) , le rapprochement assez extraordinaire , qui résulte de son texte , entre

---

* *Sic Yper* en 680 , *Gazet* en 687 , *vie de St-Omer* en 694, *Marten*, éd. d'*Yp.* en 558, *Aub. Lemire* , ann. Belg. , en 650.

** *On lit en effet en souscription au bas de ces lettres de donation ou de testament, ces mots :* « cum sub finem vitæ suæ in cœcitatem » cecidisset (S. Aud.) testamento ità suscripsit.... in nomine, etc... » Hœc abocellis feci , et alius manum tenens scripsit et suscripsit, » (v. *Act. Sanct.* sept. 3 , n° 30 et 31 ; et *Ypér.* , part. 12 ; *Coint.* et *Aub. Miræi*).

la mort de St-Omer et celle de St-Bertin qu'il fait décéder en 698 , âgé déjà de 112 ans , quoique d'après bon nombre d'auteurs il fût plus jeune que St-Omer et que suivant Malbrancq lui-même il fût né , comme St-Omer , en 590 ; ces diverses invraisemblances jointes à un intérêt de communauté, à une préférence marquée pour St-Bertin , nous ont paru devoir ôter cette fois à son opinion une partie de son crédit pour ajouter force à la précédente , tout en avouant néanmoins qu'il est de graves difficultés encore et des doutes sérieux autour de la question.

Quant à cette Bourgade *de Wavrans* où mourut St-Omer, que Gazet place à deux lieues et Ypérius plus exactement à 3 lieues de la ville, (ch .7.), on lui a contesté aussi l'honneur d'avoir reçu les dernières paroles,le dernier soupir du saint évêque, (v. *vérité de l'hist.* p 307, *dissert.* p. 309) , mais évidemment à tort. (v. *Act. Sanct.* eod. p. 404 , *Gazet* , *Mabil.* annal. bén. Ypér., p. 475 eod. , *Malbr.* , l. 4 p. 428.) On y montre encore aujourd'hui , parmi quelques vieux bâtimens d'une ferme située près de l'église , l'emplacement de l'habitation , où St-Omer faisait sa résidence quand il allait visiter la Bourgade ; quelques-uns même ont parlé d'un château qu'il y avait fait construire , mais il n'est à notre connaissance aucun document bien précis pour justifier cette allégation.

(V. pour les circonstances de sa mort et la translation de son corps en Sitiu , les auteurs ci-dessus : *act. sanct.* p. 404 etc.; et n° 14.)

(20) *Ravagée par les normands.*

Charlemagne, qui n'avait que trop prévu les désastres sans nombre qu'allait apporter en France l'invasion des normands , avait , nous apprend un vieux manuscrit du 9ᵉ siècle , (*Annal. Bertin.*) et après lui M. (*Piers* p. 16), placé comme gouverneur' de la Morinie , et pour en défendre les côtes , le héros de l'Arioste , *la fleur de la chevalerie* , *le fameux Roland* , que d'autres auteurs font *Préfet du littoral de la Bretagne* , (v. *annal belg. Aub. Miræi* , p. 284 , *Yper.* p. 492, *Eginhart* etc.) Mais, ainsi que Charlemagne,Roland disparut du monde, et les normands purent impunément débarquer sur le sol de la Morinie,

Ce fut, vers 845 , 848 et 850 , qu'ils firent leurs premières excursions sur le territoire de Sitiu. Peut-être avaient-ils précédemment tenté quelques descentes en ces lieux ; on le doit penser du moins à voir les mesures nombreuses que Charlemagne avait prises pour leur sûreté, et son établissement à Boulogne d'un arsenal de marine , et la restauration en ce lieu du phare de Caligula. (v. *Eginhart,* Vita Carol. Magn. , *Duchesnes* , comtes de Guisnes , l. 2 p. 65 et suiv. , *Monfaucon* , Mon. Franc. , t. 1 p. 236. , *Ypérius* et *Malbrancq.*) Cependant, comme il n'est à l'appui de ces documens aucuns faits bien positifs , bien avérés , nous nous garderons , quoiqu'en aient écrit quelques auteurs , de rien affirmer ni préciser à cet égard. Il en est de même du lieu de leur débarquement aux trois époques précitées. Quelques historiens (v. *Malbr.,* *Ypér.* , *Deneuv.* , etc,) le fixent en la terre d'*Oie,* aux environs de *Gravelines* , ou peut-être au port de *Mardicq* , qu'Aubert Le Mire , (p. 130 , *Annal. belg.*) et Marchant , (*descript. Belg.*) font exister alors comme ouvrage des romains ; et pourtant si l'on considère les immenses innondations qui en séparaient la plage des hauteurs de Sitiu , la facilité qu'avaient les normands de s'avancer avec leurs légers vaisseaux jusques au fond du golphe , et de débarquer directement en quelqu'endroit de ce vieux port d'Adroald ; si de plus on revoit, dans les récits des historiens , ces aventuriers apparaissant du haut d'*Hellefaut* , comme un corps de cavalerie ou une petite armée de terre et sans appui d'embarcations , on est tenté de croire qu'ils sont venus plutôt alors par la Picardie et comme un détachement de ces nombreuses hordes de pirates qui abordèrent à diverses époques aux embouchures de la Somme. (v. *annal. Bertin.* anno 845, *Dom Bouquet,* t. 7 p. 67, et *Cappefigue,* p. 24 .inv. des norm.)

Quoi qu'il en soit , ils revinrent de nouveau vers 861 , et débarquèrent alors au port d'*Isère,* ou *Nieuport.* A leur approche, comme précédemment , tout avait fui dans la bourgade de Sitiu, chanoines, moines , habitans , chacun avec ce qu'il avait de plus précieux. Les reliques de St-Omer , de même que celles de St-Bertin , avaient été soigneusement cachées sous terre par St Folquin , et les normands n'avaient pu qu'incendier les maisons , les églises , celle de Notre-Dame, de St-Bertin , et en ce dernier lieu massacrer en holocauste à leur fureur quatre imprudents religieux qui avaient cru leur en imposer au nom de la religion. (v. *Meyer*, *Malb.,* *Cousin,* t. 2. p. 217, et *Gazet* hist. ecc. p. 274.) Plus tard, vers 880, au rapport de *Meyer* , *Ypérius* , *Malbranq* , *Deneuville* , *Collet,* ces pirates reparurent aux environs de Gand , et bientôt encore sur le territoire de Sitiu , où semblables désastres signalèrent leur passage. L'église de Notre-Dame est la seule , à ce qu'il paraît , dont l'incendie en cette occasion n'ait point été mentionné , et des historiens en ont conclu qu'elle avait été sauvée par la protection de St-Omer ; ce serait supposer que son patron n'ait pas eu pouvoir ou volonté de la défendre dans ses attaques précédentes : et au demeu-

meurant l'incendie, ni sur-tout la libération miraculeuse ne sont rien
moins encore que très-incertains.

Ce qui n'est point contesté, c'est la double invasion des normands
vers 891 : *Foulques*, (v. n°. 25) alors abbé de St-Bertin, l'avait depuis
long-tems prévue; et en esprit supérieur, influent, il avait déterminé
tout ce qu'il y avait d'agissant en Sitiu , peuple , grands , et clergé
à travailler , immédiatement et de concert , à la confection d'un
haut rempart et d'un large fossé autour de la motte , c'est-à-dire
dans la direction de la *belle croix* à la porte *Sauveur* ou *Neuve*, puis
delà par l'esplanade , le rempart , à la *porte St-Croix* et aux
Ursulines , de manière à former de la cité un fort de défense que
l'on joignit à l'abbaye par un double fossé , ouvert l'un dans la pro-
jection de la rue de *St-Bertin* , l'autre dans le tracé du ruisseau de
Ste-Claire.

Cette enceinte , commencée vers 883 , n'était point terminée ,
quand une troupe de normands apparut sur le haut du Mont *Hellefaut*. Les habitans , à cette nouvelle , se réfugient autour de la
tombe de leur saint patron; là bientôt leur courage se rallume ; une
partie d'entr'eux reçoit la communion ; Odyrin arrive , et sous la
conduite de ce vaillant chatelain , (qui était aussi l'avoué des deux
églises) ils courent à la rencontre des ennemis , les surprennent en
désordre , puis secondés des habitans de *Wisernes* et autres villages voisins , les poursuivent jusque dans la plaine *de Wismes* , où
presque tous , des 500 qu'ils pouvaient être , demeurent sur le
champ de bataille. (v. *Malbr.* , p. 386 , *Ypér.* , etc.)

Mais d'autres normands , amenés comme ceux-ci par l'espoir du
pillage , et de plus excités par la vengeance, vont incessamment paraître. Le vieux *Herric* , gardien de *Notre-Dame* , l'a compris ;
(v. n°. 25) et il a tremblé sur-tout à la vue des fortifications encore inachevées de la ville. Une nuit même il s'est senti tout-à-coup
réveillé , et devant lui il a vu l'ombre majestueuse de St-Omer ,
qui lui montrait le retour des barbares , leur point d'attaque , et lui
intimait l'ordre de faire clore au plus tôt l'enceinte commencée.
Cette apparition est à peine divulguée aux habitans que tous indis-
tinctement ont mis la main à l'œuvre , et grâce au saint patron , ou
pour mieux dire à la ruse , et si l'on veut encore , à l'imagination
effrayée du prudent *Herric* , la cité s'est trouvée en état complet
de défense quand les normands sont accourus l'investir de leurs
nombreux bataillons (v. *Folquin* , *Ypér.* , *archiv. de la ville*
Malbr , *Act. Sanct.* 9 sept. , t. 3.)

Déjà leur chef , homme habile autant que valeureux, a disposé sa
cavalerie du côté de l'Abbaye ; et lui alors à la tête de ses hommes

de pied s'est élancé à l'assaut, fesant jeter sur la ville nombre de brandons enflammés, en même tems qu'il en fait combler les fossés; mais un vent impétueux , dit-on , détourne la flamme , et par un autre bienfait de la providence, voilà qu'au milieu de la plus vigoureuse résistance , une flèche lancée par la main d'un jeune moine, va frapper si adroitement au front le chef des assaillans qu'elle le renverse mort sur le sol , et que ceux-ci alors , épouvantés de la catastrophe , lèvent précipitamment le siége , et s'en vont rejoindre vers Louvain la grande armée normande , pour y prendre leur part de cette effroyable défaite qui les devait exterminer par milliers. (v. ut suprà, et *Aub. Miræ*, annal. Belg, p. 423.)

Plus tard , vers 928, d'autres peuples du Nord débarquent à *Wissant* (v. n° 4) , dévastent la plage de *Guines* , et s'étendent jusqu'aux environs du territoire de Sitiu. A leur tête est *Sifrid* ou *Sigefrid* , jeune prince danois , qui par sa bravoure et son adresse parvient à se maintenir en ces lieux, malgré les efforts de l'Abbaye de St-Bertin qui en était propriétaire ; obtient même du comte de Flandre *Arnoud* , (à qui il est venu jusque dans St-Omer offrir foi et hommage ,) trêve, protection, amitié ; qui plus tard , vers 948 , ne craint pas de séduire la fille de son protecteur, (la jeune *Elstrude*) et poursuivi alors à outrance par la colère du comte , (qu'excitent à dessein l'Abbaye et le Roi de France ,) succombe tout-à-coup au milieu de sa forteresse , sous un accès de frénésie , dit-on , en réalité du moins sous les coups d'une mort prompte et malheureuse. (v. *Lambert* d'Ardres , *Ypér.*, t. 3, *Malbr.* , p. 532 , t. 1 A. *Duchène* , hist. des comtes de Guines , t. 1 p. 10 et t. 2 , p. 8 ; *Deneuv* , *Dom de Vienne* et *Hennebert.*)

Telles furent les diverses excursions normandes qui ont pu désoler la ville, ainsi que l'église Notre-Dame de Sitiu. (v. n°. 48 *in f.*)

(21) *Ses cloîtres.*

Ces cloîtres étaient jadis au lieu où se trouve actuellement le jardin de M. R. de *Givenchy* , faisant face au portail fermé de la croisée gauche de l'église. Le chapitre tenait ses réunions dans la salle, occupée depuis par l'école de dessin ; et la prévôté résidait où plus tard a résidé l'évêché, ayant même local , même jardin. (v. n.ᵉ 26 , et *Deneuv.* , t. 1 et 3).

(22) *Ses murs de défense.*

C'est *Foulque* d'abord vers 891 , *Baudouin le chauve* en 902 , *Louis* , fils de Philippe-Auguste , en 1212, *Vauban* enfin sous

Louis XIV, qui ont construit , muraillé , étendu, fortifié successivement , et primitivement autour de l'église , les divers fossés et ouvrages de défense de la ville (v n. 20).

L'enclos de Notre-Dame , ouvert d'abord et sans autre enceinte
alors que celle de la cité , puis renfermé de murailles pour y mieux
concentrer la juridiction et les priviléges du chapître ; puis , quelque peu élargi vers le *marché aux veaux*, est resté désormais jusqu'à
la révolution de 1789 , dans les limites tracées par ces cinq grands
arcs de portes, que l'on voyait naguères à la descende de ce marché,
et vers l'entrée des rues du *Pôt*, de l'*Évêché* , de la *Cathédrale* ,
et de l'*Échelle* (v. *lettre de Robert II* de juin 1269 , *Deneuv.* , ut
suprà , et *Collet*).

(23) *Ses Sinodes.*

Collégiale , cette église avait été néanmoins , et plus d'une fois
le siége d'un concile provincial ; cathédrale , elle eut alors ses assemblées , ses *Sinodes* diocésains : et ils s'étaient ouverts chaque
fois en grande pompe , avec la solennité d'une communion générale
du clergé , et tout ce cérémonial de la déférence que chaque infé-
riorité reportait en remontant jusqu'à la prééminence épiscopale.
C'était *sa Seigneurie* que l'on allait chercher en son palais pour
l'accompagner à la cathédrale , et qu'après l'office on ramenait de
même en son hôtel où les délibérans alors , abbés , prieurs , députés du clergé régulier , curés du diocèse et de la cité , les uns sous
la bannière de leurs doyens, les autres sous la conduite de l'archiprêtre , montaient à la grande salle y prendre place , chacun selon
son rang ; et là , après *lecture du catalogue des appelés* et *annota-
tion* des absens , arrêtaient sur débats , s'il s'en élevait cependant ,
les statuts et ordonnances présentés par l'évêque , et dont le chapître plus d'une fois avait réclamé communication.

Ces statuts et ordonnances eurent presque tous pour objet des
réglemens sur la discipline , les cérémonies , l'administration des
sacremens ; et à la suite de leurs nombreux articles venaient entr'autres dispositions : en 1720 , un prescrit sur l'inconvenance pour
les curés d'avoir de jeunes servantes ; un autre en 1694 , sur les
sépultures paroissiales ; un autre , en 1640 , sur la liberté des ma-
riages; un autre en 1625 sur l'entretien assidu du culte de la Vierge,
consolatrix afflictorum , durant la peste qui ravagait alors la ville ;
un autre enfin en 1583 , contre les usuriers , et ce dernier statut ,
imprimé cette même année à Douai chez la veuve Bogard , paraît
être le premier livré à la presse , car jusqu'en 1600 , il n'y eut
point, à ce qu'il paraît, d'imprimeur à St-Omer. (V. *Deneuv.* et
Archiv.).

L'abbaye de St-Bertin devait envoyer ses députés au Sinode ; les conciles de *Trente* , *Bâle* et *Latran* en faisaient obligation formelle à *tous les réguliers* , à peine même de privation de voix et d'excommunication , s'ils ne relevaient de chapitres généraux ; et il en était, ainsi des séculiers. On se souvient en effet qu'en 1240, les curés, relevant de la collégiale de Notre-Dame firent refus un jour d'assister au Sinode de l'évêque de Térouane , et que leur refus trouva justification dans la transaction même, amiablement intervenue sur ce débat, et portant , « qu'ils iraient aux Sinodes , mais sans » rien payer , ni qu'on pût exiger d'eux aucun droit, ni sans pré-» judice aucun aux *privilèges du prévôt et de l'église.* »

Deneuville ne fait mention en son manuscrit (t. 1, 2 et 3), que de 15 Sinodes, tenus depuis 1564 jusqu'en 1720 ; savoir : de trois sous Gérard d'Haméricourt (en 1564 , 66 et 67), d'un quatrième sous Jean VI (en 1583), de deux sous Christophe de France (en 1620 et 1626), de huit sous Louis-Alphonse de Valbelle (de 1694 à 1703), et de deux enfin, sous François de Valbelle (en 1710, et 1720); mais il est probable, selon encore le prescrit des conciles qui les voulaient fréquents et au moins annuels , qu'il en dut être tenu d'avantage dans cet intervalle de tems , comme depuis. Ce fut Louis de Valbelle , qui sut le plus exactement observer la règle , comme il sut , en toute circonstance , donner relief et vie aux moindres privilèges de sa dignité. Ce prélat provençal était un homme d'une grande activité d'esprit et de mérite distingué , *expéditif* , ajoute-t-on , *en affaires* , mais , à vrai parler aussi, d'humeur par fois *envahissante* , ne ménageant ni l'abbaye (v. n.º 64), ni son chapitre lui-même , avec lequel il eût également plusieurs procès , et qu'il dépouilla de l'administration du séminaire et du jardin Notre Dame. Cette dernière entreprise toutefois lui faillit tourner à mal : car un jour qu'il sortait de cette communauté, une partie de la populace ameutée, on ne dit point par qui, mais c'était déjà la populace du 18.º siècle, l'assaillit dans son carosse avec des pierres , de la boue, et tout ce qu'elle rencontra sous la main. *Le corps du magistrat fit tocsiner* aussitôt par la ville , *défense très-expresse d'insulter à la personne du seigneur évêque* ; mais lui, moins tolérant en cette occurence que certain ministre de nos jours, piqué sur-tout de la publicité ainsi donnée à sa mésaventure par le *Mayeur* et ses échevins , s'en vengea sur eux à l'aide de lettres de cachet qu'il obtint de la cour , et qui les devait exiler et détenir à *Sedan* , s'ils n'en avaient évité l'effet par des excuses, que de son côté l'évêque s'empressa d'accueillir , gêné sans doute par la rigueur même, toute injuste et si peu pastorale de sa vengeance (id. t. 2 p. 419).

Ce n'était point là cette vertu modeste et résignée de Fénélon, si grande alors qu'elle s'humiliait devant la condamnation de son propre ouvrage, et en présence de ses inférieurs. Louis de Valbelle l'avait vue de près néanmoins : car, il assistait en premier rang, avec l'évêque de Tournay, à cette assemblée du 26 mai 1699, présidée par Fénélon lui-même, et à laquelle cet archevêque donnait l'exemple de sa pieuse soumission; il en avait même fait publier l'acte, ainsi que la condamnation, dans sa cathédrale et dans son diocèse ; mais, c'était chez ce dernier une toute autre nature, une vertu par fois aussi, toute d'action, et à laquelle la cité de St-Omer dut la restauration monumentale de son évêché, quelques précieux établissemens, entr'autres et avant tout, celui des consolantes filles de la charité (en 1675).

(24) *Ses grandes écoles.*

On sait que jusqu'à notre révolution de 1789, l'éducation a été presque constamment en France dans la main du clergé. Les écoles étaient d'abord près des églises, des monastères, sous leur discipline ; et les conciles et la plupart des ordonnances de nos Rois ne les y avaient que plus immédiatement appliquées encore. (v. capitul de 823, 858, ch. 17, Concile de 889, édits de 1650, 1695 et 1698). La jeunesse du premier et du moyen âge de la France, élevée, selon son rang, dans le métier des armes et de l'agriculture, n'étudiait guère. Ce n'était que dans les cloîtres, autour des évêchés, que l'instruction se propageait; et l'on y enseignait au 8ᵉ siècle : les vérités de la religion, l'écriture sainte, le chant, la science des comptes, la grammaire, autant toutefois qu'on les connaissait alors. Ainsi lisons-nous dans un concile de 789; *ut scholæ legentium puerorum fiant, psalmos, notas, cantus, computum, grammaticam per singula monasteria vel episcopia discant.* (V. concil., t. 7, col. 985).

Charlemagne, qui avait rétabli et multiplié les écoles, écrivait sur ce point aux évêques : « *quamvis melius sit bene facere quàm* » *nosse, priùs tamen est nosse quàm facere ; quamobrem horta-* » *mur vos litterarum studia non solùm non negligere, verùm étiam* » *humillima et deo placita intentione ad hoc certatim discere,* » *etc.* » (cap. t. 1 p. 201.)

Un jour aussi, sa sollicitude avait entrevu la jeune abbaye de St-Bertin, dite encore de *Sitiu* ; il l'avait visitée, et près d'elle, bientôt il avait fondé un établissement de ce genre. « *L'école de* » *Sitiu*, disent les auteurs de l'histoire littéraire (t. 3, p. 439), » *devait être très-florissante dès ses commencemens, puisqu'elle*

» était comme le séminaire où l'on formait des sujets pour le grand
» ouvrage de la prédication de l'évangile parmi les idolâtres. »

C'était là, en effet, que peu de temps après Alfred-le-Legrand
venait chercher des institutions, des missionnaires pour l'éducation
de ses peuples.

Ypérius cependant fait mention, au 9ᵉ siècle, d'un abbé de St-
Bertin, choisi cette fois parmi les moines de l'abbaye, qui était, à
part sa grande piété, si peu lettré, qu'il dut prier l'abbé de *Saint-
Amand* de lui envoyer *Hucbalde*, *Virum Litteratum*, un de ses
religieux les plus distingués, pour se faire instruire. (v. ch. 19 cod.
et *Cousin*, hist. de Tournay, t. 2, p. 215 et 217). Or de ce fait, il
semblerait résulter qu'il n'était personne dans l'abbaye, ou dans
l'école, capable de lui procurer cette iustruction qu'il demandait
ailleurs ; à moins qu'on ne croie qu'il n'est là question que de cette
instruction religieuse, que plus tard, et vers le commencement
du douzième siècle, l'abbé Lambert allait recueillir lui-même
au monastère de Cluni, pour mieux ramener ses religieux à la régle
de St-Benoît. Au surplus et quoi qu'en ait écrit sur ce point le
chapitre de Notre-Dame dans ses démêlés avec l'abbaye, (V.
Vérit. de l'hist.), il faut reconnaître qu'elle renferma dans son sein,
et dès son origine même, des hommes d'un rare mérite, des écrivains distingués, et que son collége aussi fut en grande réputation.

Quant à l'église Notre-Dame, elle eut de bonne heure également ses
grandes écoles. L'un de ses chanoines, revêtu *du titre d'écolâtre*,
y enseignait les humanités et la philosophie à ses confrères, de
même encore qu'aux pauvres écoliers du diocèse. Plus loin, autour
des cures et paroisses, étaient des écoles iuférieures où l'on enseignait la religion, la lecture, l'écriture, et la grammaire. Bientôt
les ressources de l'instruction se multipliant, l'écolâtre ne fut plus
qu'un dignitaire, tel que pouvait l'être en 1055 le vieux *Succardin* (v. n. 54), chargé de la surveillance et jurisdiction des grandes et petites écoles ; et l'on voit par une bulle d'Honoré III, qui
vint ratifier le privilège de cette église Notre-Dame, que *personne ne pouvait tenir école en la ville de St-Omer, sans la permission spéciale de l'écolâtre* (v. Deneuv., t. 3, p 57).

Ces divers établissemens durent successivement perdre de leur
importance, et s'éteindre, quand, à la suite des grandes institutions universitaires, furent introduits en cette ville le collége de *St-
Bertin*, ceux des *jésuites français et anglais*, tous trois fondés en 1561,
1566 et 1592, puis en 1581 le *séminaire épiscopal*, et en 1720 l'école
des frères de la doctrine chrétienne avec son séminaire par-

ticulier , et sa suprématie sur toutes ces *écoles dominicales* qu'en 1640 et *pour extirper entièrement l'ignorance*, Christophe de France avait *recommandé d'établir par tout* dans son diocèse. (v. Sinode du 19 avril 1640.)

Ces établissemens alors obtinrent une grande célébrité , mais , à leur tour aussi , ils sont tombés sous les coups des événemens ; et , à part des bâtimens encore debout, l'on n'en retrouve plus aujourd'hui qu'un collège aux anciens *jésuites français*, et au séminaire des *frères de la doctrine chrétienne* que son ancienne école, qui débat en ce moment un reste d'existence contre l'envahissement de l'enseignement mutuel.

(25) *Ses évêques.*

L'église de Notre-Dame que nous avons vue placée par St-Omer à côté du monastère de Sitiu , sous un même patronage , et pour en partager la destinée , après avoir été régie par St-Momelin et St-Bertin (v. *Acta Sanct.* sept. 2 et 3 , p. 388 etc , *Gazet*, hist. ecc. p. 273), passa sous la direction des abbés du nouveau monastère *d'en bas* avec lequel durant un siècle et demi elle fit, comme on le sait , (v. nᵉ. 18) confusion d'intérêts et de personnes, jusqu'à ce que Fridogis la vint séculariser et rendre , ainsi que son monastère , à cette primitive indépendance que lui avait assurée St-Omer par sa charte de 662.

Collégiale dès-lors , vers 825 , Notre-Dame fut administrée par des *gardiens*, qui étaient vraisemblablement à l'élection du chapître, comme les autres charges , et comme le furent aussi plus tard ses *prévôts* (v. bulles de 862 , 1075 , 1179, et nᵉ 45.)

Là , parmi *ses gardiens* quelques noms retrouvés dans un espace de près de deux siècles , et en tête desquels se vient poser, à ce que l'on croit , celui de Fridogis. (v. nᵉ 18 et 45). Parmi *ses chanoines* un seul nom vers 862 , mais des plus distingués , celui de *Foulques,* (v. 10) que l'on voit plus tard abbé de St.-Bertin, archevêque de Rheims, conseiller de Baudouin *bras de fer* , de Charles-le-Chauve, de Louis-le-Bègue , et dont l'influence si grande , alors encore qu'il n'était que membre de la collégiale , laisse à supposer qu'il dut y avoir quelque grade supérieur. (*Gall. Chr.* t. 3 p. 491 , et *Moréri* 5 , v, p. 272). Dans l'intérieur du chapître, une vie long-tems commune et régulière , bien que libre de droit , qui néanmoins un jour prend l'essor pour se mettre plus à l'aise, et entraîne à sa suite la suppression de certains offices maintenus par la continuation de communauté. Enfin autour de son église , quelques priviléges nouveaux à côté de ceux , dont déjà plusieurs souverains l'avaient gratifiée conjointement avec l'abbaye. (v. *Bul. Confirm* de 1123, *act. sanct.*, et *Deneuv.* t. 3 p. 52.) Telle apparaît en ses premiers âges la collégiale de St-Omer. Viennent en 1013, et au milieu de documens plus précis, la succession de ses prévôts, au nombre de 34, et dont le premier dégré repose sur la tête même du dernier gardien. (v n° 45, et *Deneuv.* p. 570.)

Là aussi, sous ses nouveaux chefs, on voit la collégiale grandir, se développer, et aller placer, à l'égal de la métropole de Térouane, son indépendance, ses privilèges, et sa jurisdiction. C'est déjà dans ses rapports avec l'évêque diocésain un pouvoir qui traite de pair, et lui accorde en témoignage de fraternelle concorde, en échange de semblable dignité pour son prévôt, titre et place de chanoine au chœur. (V. concordats de 1131, 1229, et bulles de 1438). C'est dans ses privilèges, des droits mêmes que ne possèdent pas certaines cathédrales, et entr'autres : la réserve et la collation des bénéfices *sede vacante*, l'exemption de la *jurisdiction à l'ordinaire* etc. (v. bulles de 1075, 1115, 1139, et 1179.)

C'est enfin dans sa jurisdiction une autorité qui, sous la main du prévôt, domine toute la collégiale, dans ses assemblées comme dans chacun de ses membres et dans tout ce qui l'entoure, qui les frappe de *correction et punition tant au civil qu'au criminel*, et prononce en juge unique, souverain, n'ayant d'autres limites que la suzeraineté papale, ou ses propres concessions. (v. bulles de 1123, 1218, 1425, et 1529, charte de 662; *Gazet*, *Dupuy*, libert. de l'égl. et *lettres de Jean de Blois*, de 1258.)

A cet état de choses joignons bientôt de grands noms, de hautes illustrations, qui lui viennent donner successivement un nouvel éclat; mais à leur suite aussi voyons des non résidences, ou de longues absences avec des sous-prévôts, qui d'autre part amènent de nombreux abus, et un relâchement de discipline que tous les efforts de *Trouselly*, et *Quentin Ménard*, ses 27° et 28° prévôts, ne purent détruire.

Telle est encore, en 1553, sous son dernier prévôt, la collégiale de St-Omer, lorsque Charles-Quint, en détruisant Térouane et son évêché, vient ériger Notre-Dame en cathédrale. Ce n'est toutefois qu'en 1559, par ordonnance de Philippe II, et par bulles des papes *Paul IV* et *Pie IV* (1559 et 1560) qu'elle est définitivement instituée en sa nouvelle dignité. Mais le nouvel évêché, tiers héritier de ce riche et vaste patrimoine, n'avait reçu pour lot, d'après la répartition des délégués *Granvelle* et *Sonnius* (*voy litt.* 1. p. 73), que dix villes et quelques villages, parmi lesquels St-Omer, Aire, Hesdinfert, Gravelines, St.-Venant, Bourbourg, Lilaire, Estaire, etc. (v. *Gazet* hist. eccl., p. 264, et tab. sac., p. 37.)

C'était le quart au plus de l'ancien diocèse Morin ; mais à cette part de sa succession l'église de Notre-Dame joignit les revenus de sa prévôté , ceux de la prévôté de *Watten* , (v. n^e. 78) ainsi qu'une grosse prébende canoniale ; et quoique de moitié moins grand en étendue que celui de Boulogne , ni plus grand d'autre part que celui d'Ypres , l'évêché de St-Omer se trouva néanmoins aussi riche que l'un et l'autre réunis. (*Gazet* hist. et tab. sac cod. et *Deneuv.* t. 3.)

Son évêque toutefois n'eut long-tems encore sur son église que l'autorité de l'ancien prévôt, et dans les assemblées, que la voix d'un chanoine. C'était toujours , selon le chapître , l'ancienne collégiale, auprès de laquelle les désastres de la guerre avaient poussé la crosse et la mitre de Térouane , comme y ils avaient conduit, en 1554 , son doyen, ses chanoines , ses reliques , que neuf ans après une autre puissance reportait à Ypres.(v.n^e 63). Les insignes étaient changées, mais au demeurant c'était toujours le prévôt dans sa jurisdiction sur le chapître , ainsi le voulait ce dernier, jusqu'à ce qu'un jour *Louis-Alphonse de Valbelle* lui vint montrer qu'il pouvait avoir chef et supérieur. Parmi ses nombreux évêques furent aussi de grands noms, de grandes vertus, des bienfaiteurs de la cité , de verts et poignants antagonistes de l'abbaye de St-Bertin ; mais la plupart , déjà rapprochés de notre époque,sont trop connus aussi pour qu'il convienne de s'arrêter aux faits et gestes de chacun d'eux.

Le 1er évêque nommé , fut Guillaume de Poitiers ; mais son refus de l'épiscopat amena,jusqu'à la nomination de Gérard d'Haméricourt, un intérim qui fut rempli par les chapîtres réunis de St-Omer et de Térouane , et durant lequel plusieurs fois ils s'assemblèrent *capitulairement ensemble et ordonnèrent ce qui concernait pour le bien du diocèse* (*Deneuv.* , t. 3 , et aussi n^e. 23.)

Plus tard vint , avec la révolution de 1789 , un nouvel ordre de choses , et à sa suite deux évêques constitutionnels de St-Omer ; puis , à la réouverture des églises , une répartition départementale des diocèses , et pour Notre-Dame une déchéance complète de toutes ses dignités prévôtales et épiscopales , et un simple titre de paroisse avec un *grand doyen* toutefois pour chef.

Voici maintenant , et durant les sept périodes de son histoire , les différens dignitaires de Notre-Dame :

1re et 2e PÉRIODES
———
Abbés.
———
660 à 825.

Après St-Omer et Momelin , et depuis sa fusion avec le monastère *d'en bas* , 11 abbés , y compris St-Bertin , en ont été successivement les administrateurs , savoir : *Rigobert, Erlefride, Erkembode,* qui , après 26 années d'abbatiat commencées en 710 , meurt vers 737 , 11ᵉ évêqne de Térouane et toujours abbé ; (v. *Locre* , *Yper*, p, 256 , *Gazet*, p. 274 et *act. sanc*); puis *Waimare* , *Nanthaire*, *Dagobert*, *Hardrode*, *Odlande* , *Nantaire* , mort en 820, et *Fridogis* enfin jusqu'en 825. (*Gall. Christ.* 3. 484 , *Yper* , *Deneuv.* 3.)

Les seuls gardiens dont on ait retrouvé les noms sont : *Fridogis* , à ce que l'on croit, qui jusqu'en 834 , époque de sa mort , vécut en séculier au milieu de ses chanoines ; puis vers 843 notre *Morus*, puis le vieux *Herric*, dont il est parlé vers 891 , et enfin vers 1013 , *Baudouin* Iᵉʳ qu'un acte de donation de sa terre de *Broukerque*, acte par lui passé en 1013 et autorisé du Pape Innocent II , désigne sous le nom de *Custos*. (v. *Folquin* , *Ypérius* , *Malb* , *Deneuv* , t. 3. et nᵉˢ 18 , 20 et 45.)

Quant à ses prévôts , c'est :
1⁰. de 1013 à 1015 , *Baudouin* Iᵉʳ.
2⁰. de 1016 à 1050 , *Helecin.*
3⁰. de 1050 à 1075 , *Baudouin* II.
4⁰. de 1075 à 1083 , *Arnoud* Iᵉʳ.
5⁰. de 1083 à 1084 , *Gérard* de St-Omer.
6⁰. de 1084 à 1086 , *Otger* Iᵉʳ , (v. *Lambert* d'Ardres) , fils et frère de Châtelains de St-Omer , qui se retire à S.,-Eloy.
7⁰. de 1091 à 1110 , *Arnoud* II.
8⁰. de 1110 à 1128 , *Otger* II.
9⁰. de 1129 à 1133 , *Gérard* II.
10⁰. de 1133 à 1140 , *Otger* III.
11⁰. de 1141 à 1159 , *Gérard* III.
12⁰. de 1159 à 1167 , *Pierre d'Alsace* , fils de Thiéry , comte de Flandre , que l'on voit quitter la prévôté de St.-Omer pour l'évêché de Cambrai , puis l'épiscopat pour s'aller marier avec la veuve du duc de Nevers , et mourir vers 1170.
13⁰. de 1167 à 1174 , *Robert d'Aire* , issu d'un artisan de cette ville , et prévôt à la fois des églises de St-Omer , Aire , Bruges et *St-Amé* de Douai ; trésorier de Tours , chancelier de Flandre et *fort familier au comte Philippe* , appelé à l'évêché d'Aire et immédiatement à celui de Cambrai, mourut peu de tems après, en 1174 , assasiné en la ville de Condé qui

fut arsie et ses murs et tours abattus en expi-
ation du crime. (v. *ann. du Hainaut, Gazet.*
p 31, *Gallia christ* p. 30 et suiv. t. 3.)

14°. de 1180 à 1205 , *Gérard d'Alsace* , fils aussi de Thiéry , et
oncle de Baudouin de Constantinople.

15°. de 1205 à 1227 , *Gautier.*

16°. de 1227 , à 1236 , *Pierre de Colmieu,* archevêque de Rouen,
puis cardinal d'Albani.

17°. de 1236 à 1259 , *Pierre* , cardinal de Ste.-Suzanne.

18°. de 1256 à 1263 , *Jean de Blois* , qui bâtit la chapelle des
évêques, constitue des rentes au profit de
son église pour l'aider en ses dépenses de
construction , et par lettres ou concordat ,
de 1258 démembre sa justice , en accordant au doyen , et en cas de vacance au
chapître , la *jurisdiction de l'enclos* et les
amendes de ce lieu, (*dicti Alvei*) , se
réservant toutefois la connaissance des
meurtres , homicides , mutilations , et en
outre de tous méfaits commis dans l'église
et lieux adjaçans qu'il désigne , tels que les
cloîtres , etc (v. Bulle de 1123 , *Deneuv.*
p. 61. t 3 , *Malb.*, *Locre*, et *Gall. ch.* t. 3.)

19° de 1264 à 1289 , *Arnoud* III.

20°. de 1290 à 1336 , *Mathieu Colonne.*

21°. de 1336 à 1350 , *Nicolas Capochie* , nommé successivement
vers 1348 , évêque d'Utrech , d'Urgel , car-
dinal , et jusque là toujours prévôt , ayant ,
pour se faire remplacer entre tems et jusqu'à sa résignation , nommé *sous prévôt* le
chantre *Nicolas.*

22°. de 1330 à 1378 , *Etienne Colonne* , cardinal à cette époque ,
et conservant sa prévôté jusqu'à sa mort.

23°. de 1378 à 1387, *Charles de Poitiers* , non résidant à St.-Omer.

24°. de 1387 à 1389, *Jean de Poitiers*, non résidant aussi , et frère
de *Charles* nommé évêque de Valence.

25°. de 1389 à 1392 , *Thiéry de Matroloy* , non résidant , et successivement évêque du Puis , de Poitiers ,
chancelier de Charles V , et mort en 1403

26°. de 1396 à 1409 , *Pierre Trousseau* ou *Trousely* , archidiacre
de Paris et conseiller du roi , quand il fut
nommé prévôt; non résidant d'abord , mais

ayant un sous-prévôt ; nommé en 1409 évêque de Poitiers, puis archevêque de Rheims,
et mort en 1413.

27°. de 1409 à 1426, *Hugues Cayeu*, nommé évêque d'Arras en
remplacement de *Martin Porée*, et décédé
en sept. 1426.

28°. de 1427 à 1438, *Quentin Ménard*, réformateur des nombreux
abus que 60 ans environ d'absence de la
part des prévôts avaient introduits dans la
discipline de l'église, nommé en 1438 archevêque de Besançon, et mort en 1462.

29°. de 1439 à 1479, *Simon de Luxembourg*, bâtard de St-Pol,
entré par proc.

30°. de 1480 à 1499, *Jean de Bourgogne*, mort en 1499 et enterré
dans le chœur de son église.

31°. de 1499 à 1521, *François de Melun*, entré en possession par
procureur d'abord, et personnellement en
1502, puis évêque d'Arras et toujours prévôt, enterré à St-Omer dans le chœur.

32°. de 1521 à 1526, *Eustache de Croy*, entré en possession également par procureur en 1523, puis person-
nellement en 1526, puis alors nommé évêque d'Arras, et en 1538 enterré à St-Omer.

33°. de 1526 à 1539, *Robert de Croy*, déjà évêque de Cambrai
quand il fut nommé prévôt, qui prit pos-
sessions de cette dignité par procureur en
1539, et s'en défit presqu'immédiatement.

34°. de 1539 à 1557, *Oudart de Versaques*, qui reçut le clergé
exilé de Térouane. (v. *Deneuv.* 3, p. 5,
Locre et Gall. christ 3).

Vient actuellement la série de ses évêques ; ce sont :

1°. de 1560 à 1577, *Gérard d'Haméricourt*, abbé de St-Bertin,
fondateur de nombreux collèges et établis-
semens d'instruction publique (v. n°. 24)
enterré aux *jésuites français*.

2°. de 1581 à 1586, *Jean Six*, Lillois, sacré à Douai (v. *Gall.
christ*. 3.)

3°. de 1590 à 1599, *Jean de Vernois* ; ent. ch. des évêq. *Jean de
Paméla* avait été précédemment nommé
à cet évêché, mais comme il mourut en
1587 avant confirmation du Pape, nous ne

5e. PÉRIODE.
____

Evêques.
____

1560 de à 1791

croyons pas devoir le compter , ainsi que *Guillaume de Poitiers* , au nombre des évêques.(sic. *Deneuv* 3. *M. Bailly* et *Gazet* 266.)

4°. de 1600 à 1618, *Jean Blaise,* ou *Blassus,* enterré ch. St.-J-Bap.

5°. de 1619 à 1627 , *Paul Boudot,* nommé évêque d'Arras, (v. n°. 65.)

6°. de 1627 à 1631 , *Pierre Paunet,* ent. ch. des évêq.

7°. de 1632 à 1633 , *Christophe Morlet* , ent. aux *capucins de* St-Omer.

8°. de 1535 à 1636, *Chistophe Defrance,* enterré , chœur de l'ég.

9°. de 1660 à 1671 , *Ladislas Jonart,* nommé archev. de Cambrai.

10°. de 1671 à 1675, *Jac. Théod. de Brias,* nommé arch. de Cambrai.

11°. de 1677 à 1684 , *Armand Tristan de la Baume de Suze,* nommé à l'archevêché d'Auch. Précédemment à lui , *Jacques de Longueval* avait été nommé évêque de St-Omer, mais il est mort en 1676 , avant la réception de ses bulles.

12°. de 1684 à 1608 , *Louis-Alphonse de Valbelle,* ent. ch. des évêq. (v. épitaphe , in *Gall. chr.* 3. 480.)

13°. de 1710 à 1727, *François de Valbelle* , cousin du précédent , ent. ch. des évêq.

14°. de 1728 à 1754 , *Joseph - Alphonse de Valbelle* , neveu du précédent, ent. ch. des évêq. C'est aux *Valbelle* que la ville de St-Omer doit , en tr'autres établissemens précieux , celui de *l'hôpital-général* ; et sa reconnaissance a fait élever , en 1810 , un monument à leur mémoire dans la chapelle de cet hôpital.

15°. de 1755 à 1765 *François-Joseph de Brunez de Montlouet,*

16°. de 1766 à 1769 , *Louis-François-Marc Hilaire de Conzié ;* nommé évêque d'Arras.

17°. de 1769 à 1774 , *Joachim-François Mamert de Conzié,* nommé archev. de Tours.

18°. de 1774 à 1778 , *Jean-Auguste de Chastenet de Puységur ,* nommé évêque de Carcassone.

19°. de 1778 à 1790, *Alexandre-Marie-Joseph-Alexis de Bruyères Chalabre.*

1°. de 1791 à 1793, *Pierre Porrion,* évêque constit. , élu en mars 1791, sacré à Paris le 10 avril suivant,

au-paravant curé de St-Nicolas à Arras ,
supprimé en 1793, marié et mort en 1830
à Paris.

2°. de 1797 à 1802 *Mathieu Asselin* , ancien curé de Frévent , élu
le 1 nov. 1797 , sacré à Paris, ayant assisté
au concile de 1801 , et démissionnaire cette
même année (*bibl. sac.* t. 29 , p. 334.)

1°. de 1802 à 181 , *Jean-François-Joseph Coyecque* , ancien chanoine de St-Omer et supérieur du sémi-
naire ; depuis archiprêtre etc.

2°. de 181 à 1832 , *Deron.* (v. n°. 71)

(26) *Et son palais épiscopal.*

Là se trouvait précédemment la demeure des prévôts , et la rue
qui en longe l'enceinte s'appelait alors *rue de la prévôté.* (*Deneuv.*)
Là postérieurement aussi fut l'évêché ; et cette habitation , devenue palais épiscopal, était néanmoins restée bien *au-dessous du mé-
diocre.* Elle était sur-tout en grand état de délabrement lorsque
Louis XIV y vint loger en 1680. Mais ce monarque ayant autorisé ,
par lettres patentes , l'évêque *De Labaume Desuze à emprunter*
20,000 *livres pour la réparer,* on se mit à l'œuvre du *côté le plus
pressé* et l'on en refit quelques chambres placées sur le jardin. Ce
prélat toutefois partit pour l'évêché d'Urich, et *Louis de Valbelle* ,
après avoir achevé ce qu'avait commencé son prédécesseur , dût
bientôt en rester là , faute de fonds. Plus tard cependant , en 1700 ,
on en fit élever la façade ; et cette fois le travail fut exécuté d'une
manière monumentale sur le plan des plus habiles architectes et de
Mansard principalement. Depuis, et après avoir quelques tems servi de magasin durant la révolution , l'édifice est devenu palais de
justice , et la rue de *l'Evêché* , qui avait succédé à celle de la *Prévôté* , est maintenant celle *des tribunaux* (v. archiv. de la ville et
de l'église.)

On y retrouve pourtant encore quelques anciennes constructions
du 12ᵉ siècle , quelques débris de la demeure des prévôts ; et telle
est entre autres l'arcade en ogive, ornée de culs-de-lampe, qui ouvre
la petite galerie conduisant au parquet et à la chambre d'instruction.

(27) *Cette antique demeure de ses châtelains.*

C'était là qu'avait résidé cette succession de vingt châtelains pro-
priétaires de St-Omer et, en leur origine, avoués des Abbayes et
églises de Sitiu : succession plus d'une fois illustrée par ses mem-

bres, et qui s'était allée perdre dans la main du duc de Bourgogne , (*Philippe le Hardi*), qui en avait retrait la seigneurie, pour y préposer un prévôt et un bailli. (v. *Deneuv.* , t. 3., et *Malb.* t. 1 et 2.)

(28) *Avec celle du St-Sepulchre , etc.*

« En ce tems là , dit Deneuville , (t. 1. p. 175), et ce tems dont il parle était l'année 1387, « l'église *de St-Sepulchre* qui depuis fort
» *long-temps* était bastie n'avait jamais été bénite; Jean IV, évesque
» de Térouane, fut prié de la bénir; ce qu'il fit le 14 d'avril 1387, en
» présence du clergé des paroisses de la ville et de plusieurs per-
» sonnes de distinction , comme les lettres de cet évêque reposan-
» tes en ladite paroisse en font foi. » C'était en effet , d'après le procès-verbal tenu à cette occasion , une église *ab antiquis temporibus œdificata* , et de là M. *Collet* a conclu, (p. 74) qu'elle fût commencée en 1042.

C'est forcer évidemment la conséquence ; mais disons aussi que M. Collet avait sans doute eu connaissance d'une charte de 1042 , (10 des calendes de mars) , laquelle , citée dans les mémoires de l'abbaye (p. 398) , contenait cession par échange au profit du chapitre d'un terrain appartenant à ladite abbaye *et situé dans la ville de St-Omer , pour bâtir une église paroissiale en l'honneur du St-Sepulchre.* Or de ce fait on peut induire que cette église dut être commencée , sinon précisément en 1042 , vers cette époque du moins , et en même tems environ que Notre-Dame.

(29) *Que des regrets ou des souvenirs*

Nous entendons parler ici des divers églises et monumens de St-Omer que le temps et la révolution ont détruits , et principalement de l'abbaye de St-Bertin , ainsi que de l'Hôtel de Ville tout récemment abattu.

(30) *De même circuit environ.*

L'édifice actuel de Notre-Dame dont la longueur prise intérieurement est de 300 pieds , la largeur de 93 ou de 58 à la croisée , et les voûtes de 68 , a été commencé vers 1055. C'est là ce qu'attestent l'opinion assez générale des auteurs, l'exposition de la chasse de St-Omer sur des *matériaux préparés* pour la reconstruction de l'église, lors de la première vérification des reliques (v. n°. 54) , et les pleins ceintres enfin que l'on remarque dans certaine partie des *carolles* du chœur.

Sa construction cependant fut plus d'une fois interrompue et reprise ; la preuve en est dans les divers ordres d'architecture empreints autour de ses nefs , et dans ses archives , où l'on voit même que vers 1256 le chapître fut obligé , faute de fonds suffisans , d'en suspendre les travaux et de *tenir ses ouvriers à pension* : car on les nourrissait le plus souvent alors ; et leur solde , d'après mentions *d'anchiens registres* , et d'après comptes aussi de St-Bertin en date de 1250, étaient quelquefois de 4 déniers par jour, mais ordinairement d'une portion de soupe , d'un pain et d'un *sterlin* qui valait un peu plus qu'un denier : (v. Ms., *Yper, Deneuw.* 1., *et Henneb* 3.)

Ce ne fut toutefois qu'en 1499 , d'après inscription traocé sur sa façade , que se termina sa large tour avec ses 152 pieds de haut, et son énorme cloche nommée *Julienne* fondue en 1474 , et qui tinte encore avec fracas ses 16 à 17000 livres de métal.

Quant à ses chapelles, si riches de détails , de sculpture , qui viennent poser en alignement, sous chaque ogive des nefs latérales d'entrée , leurs légères colonnes , leurs élégantes balustrades , leurs marbres , leurs décors variés , et toutes ces gracieuses figures qui , vues sur-tout en aspect de la tombe de St-Omer , développent si merveilleusement le tableau; tous ces travaux appartiennent , pour la plupart du moins, aux derniers tems du 15e siècle, et pour témoignage du fait , il nous suffit de rappeler la date de la chapelle des *Vissor* ou *Wissocq* 1450 ou 51. (v. n° 39).

Quant à cette jolie tourelle à carillons , crénelée , toute à jour , qui domine avec grâce le centre et les toîts de plomb de cette église, elle est de plus d'un siècle postérieure à l'édifice. Une autre plus élevée , sous forme de flèche délicate , comme celle de St-Bertin , l'avait précédée , mais en 1606 elle fut renversée sous la violence d'un ouragan.

Voici maintenant , et comme point de comparaison avec cette église , l'étendue et l'élévation intérieure de celle de St-Bertin: Longueur 350 pieds , largeur 70 , et à la croisée 137 ; Hauteur des voûtes 76 , de la tour 175 , et de la flèche 76 au-dessus du toît. (v. M. *Piers* p. 154 et suiv. ainsi que M. *Collet* , p. 60 et 68 qui a commis plus d'une erreur sur les dimensions de Notre-Dame.)

(31) *Son vieux portail du midi.*

Cette église a quatre portails : au couchant , au midi , et deux au nord. L'un de ces derniers , posé à l'extrêmité de la croisée gauche, en face de l'ancien cloître , et uniquement destiné jadis à l'entrée des chanoines , est maintenant fermé , et n'offre au surplus , de même que l'autre portail du nord , rien de remarquable dans sa construction. Quant à celui du couchant, placé sous la tour et en regard de la nef du milieu, il sert de grande entrée à l'église ; mais ouvert de plain-pied, sans dégagement à l'extérieur, moins ancien du reste et moins riche que celui du midi, il semble bien moins aussi que ce dernier le portail principal de Notre Dame. Ce n'est point cependant qu'on retrouve à cette entrée latérale du midi quel-qu'une de ces belles constructions qui résument si délicieusement les magnifiques portails de Rheims, de Paris, etc. ; c'est un autre dessin, moins développé comme le voulait son emplacement, moins élégant aussi, mais néanmoins curieux d'emblèmes et de sculp-tures. C'est une seule et large ogive, élevée sur sept dégrès, avancée en saillie d'environ quinze pieds, surmontée d'une galerie, jadis à jour, maintenant refaite à plein mur, et que domine une partie de pignon avec ses figures et sa rosace vitrée. Ce sont une voûte, des acôtemens qui reculent d'arcades en arcades, de petites co-lonnes en petites colonnes, et se réduisent à une dernière ogive moins grande, de même hauteur cependant que celles des autres portails, posée sur quatre dégrés et coupée au deux tiers, comme celles-ci, par deux grandes portes carrées. C'est au milieu de ces portes un montant de pierre orné de sculptures et d'une statue de Notre-Dame, dont le travail soigné annonce une origine postérieure aux autres décors, aux figures de chimères que l'on remarque sous les pieds de cette statue, et aux six grandes figures d'anges qui, pla-cées de chaque côté contre les trois dernières colonnes servaient jadis d'accompagnement à la décoration du fond. Ce sont au-des-sus de la double porte ces gothiques emblêmes du jugement der-nier, dont il a été fait mention au texte ; savoir : au sommet de l'ogive, *Jésus-Christ* ayant à ses côtés, et comme au groupe du *grand Dieu de Térouane*, les statues suppliantes de la *Vierge* et de *St-Jean*, et celles-ci suivies chacune de deux autres figures dont l'une porte un reste de croix, l'autre la trompette de la résurrec-tion. Ce sont plus bas, et alignées sur deux plans successifs, les âmes qu'un ange sépare après leur mort pour les envoyer soit dans le sein de l'église, représentée sous un emblême de la divinité, ten-dant un voile entre les mains pour les recevoir, soit dans l'enfer que l'on a placé à l'extrémité du plan inférieur, sous la forme d'un monstre, dont la vaste gueule déjà pleine de têtes, reste là toujours béante au devant de cette masse de condamnés, qui sans cesse défile devant Satan pour s'aller engouffrer dans l'enfer, et constamment se renouvelle de toutes les âmes que sans relache apportent des dia-bles inférieurs, *Dii minores* du royaume infernal.

Enfin, sous ce large encadrement du péristile, et en retour ensuite sur une partie de ses côtés extérieurs se dessinaient jadis en relief , entre le soubassement et cette ligère colonnade qui les entoure , un grand nombre de petites ogives dentelées , posées aussi sur de petites colonnes , et alignées en galerie , comme autant de tableaux représentant soit des figures de saints , soit les différens miracles du saint patron; mais cette riche décoration de sculptures, que quelques restes encore nous font regretter de ne plus retrouver intacte , a été successivement dégradée par le tems et les révolutions , et depuis en partie effacée par une restauration vraiment malheureuse.

Ce portail , assez lourd au demeurant , mais piquant d'intérêt par ses détails et son ancienneté , le premier d'ailleurs et long-tems sans doute aussi le seul de cette église , ne peut cependant point remonter de date au-delà de l'époque où s'introduisit l'usage de placer les emblêmes du *jugement dernier* au-dessus et en décoration des portails, c'est-à-dire , au-delà du 12e et 13e siècles, suivant *Lelong* ; ni encore avant la construction de la croisée droite au-devant de laquelle il est appliqué , et qui, postérieure aux travaux et pleins ceintres du pourtour du chœur , ne peut être reportée non plus avant le milieu du 12e. siècle.

(32) *Son maître-autel.*

Le maître-autel était posé jadis au fond du chœur. Sur la droite était le siège du prévôt , puis de l'évêque. En avant des formes était une enceinte de grilles , et à l'emplacement de la balustrade actuelle s'élevait, comme à St-Bertin, un riche *doxal*, du haut duquel les souverains prononçaient leur serment, et le pontife s'adressait au peuple, quand il avait à lui parler.

Plus tard le maître-autel fut transporté au centre du chœur et de la croix , de manière à pouvoir être aperçu des quatres côtés. Il était là tout couvert d'argent , posé sur une urne de stuc vert au milieu de laquelle s'apercevaient des reliques enchassées d'or , et portant au-dessus, en forme de tabernacle , une autre châsse d'argent avec les restes de St-Omer , lorsque la révolution vint s'en emparer. Quant à celui qu'on y remarque maintenant ; c'est , au tabernacle près , le maître-autel de St-Bertin , jadis aussi d'argent , et dont on a doré depuis l'élégant travail. (*voy. litt..* t. 1. *Deneuv.* t. 2 et 3 , et *Henneb.* 3.)

(33) *Ses belles orgues.*

D'autres orgues existaient avant celles-ci ; elles étaient, comme en un grand nombre d'anciennes basiliques , posées sur le côté , et en cette église , à droite du chœur , au fond de la croisée. (*Deneuv.*)

(34) *Ses pavés symboliques.*

Ces pavés, dont quelques-uns à peine sont demeurés intacts, et que l'on aperçoit disséminés çà et là par lambeaux à travers les nefs de Notre-Dame, représentent sous leur teinte jaunâtre incrustée de mastic de diverses couleurs, des dessins, des figures, des hiéroglyphes vraiment curieux.

M. *Wallet*, dont le talent si justement apprécié ajoute un intérêt particulier au bel ouvrage qu'il fait paraître en ce moment sur la ville de St-Omer, a recueilli, rassemblé, coordonné avec un scrupule et une patience admirables, tous ces fragmens de dessins ; et son travail a produit les résultats les plus piquants, les plus instructifs.

On y voit en effet, au milieu de divers encadremens d'arabesques variés, ici des chevaliers, (les sires *de Ste-Aldegonde*, *Wasselin*, etc.) armés de pied et cape, portant l'éperon, sans casque toutefois, mais bannières déployées, et lancés en avant de toute la vigueur de leurs destriers ; ailleurs des scènes de religion, l'accouchement de la *Vierge*, la naissance de *Jésus-Christ*, sa mise au tombeau, la visite des saintes femmes, etc. ; en autre lieu, des rois, des évêques sur le trône ; plus loin des allégories, des emblêmes d'astronomie et d'agriculture : les différens signes du zodiaque, les saisons, les travaux du cultivateur durant chaque mois de l'année, et partout des attributs, des costumes qui caractérisent leur époque.

L'origine de ces pavés ne pouvait, non plus que celles des autres monumens, échapper à la controverse ; et leur sujet même, a donné carrière à plus d'une erreur récente. C'est de Térouane encore que M. Collet les a fait venir, mais cette fois néanmoins pour *une partie* seulement. Pourquoi donc la restriction ? Nous en devinons le motif : c'est que parmi ces pierres sont des *ex voto* en l'honneur de St-Omer, et sur celles-ci des noms d'échevins, de magistrats de la cité ; telles sont celles en effet des sires *de Ste-Aldegonde*, savoir : de *Foulques fils de Jean*, et de *Gilles fils de Foulques* ; telles sont ces deux autres aussi portant noms de *Wasselin*, et titre de fils de *Guillaume*, savoir : *Nicolas*, et un autre *Wasselin* dont le prénom, disparu avec un fragment de la pierre, appartenait sans doute à un frère de ce dernier.

L'origine de ces pierres ne pouvait d'ailleurs être méconnue ; elle était d'abord dans leurs inscriptions et dédicaces, elle était surtout dans les archives de la ville et du chapitre, où l'on voit, selon *Deneuville* t. 2 et 3, qu'en 1287 vivaient à St-Omer ces deux sires *de Ste-Aldegonde*, qu'en 1290, 1303 et 1316, ils y auraient été *mayeurs* ou membres du magistrat, et que vers le même tems aussi, un *Guillaume Wasselin*, et d'autres encore du même nom auraient rempli semblables fonctions. (*) C'était donc , bien certainement ici une œuvre indigène , et une œuvre du 14ᵉ siècle environ. Mais à l'égard des autres pierres, pourquoi prononcer contr'elles exclusion de nationalité , quand sur-tout il résulte de leur parfait raccord qu'elles ont dû composer jadis un ensemble de pavés. Serait-ce à cause du désordre , du peu de suite dans lesquelles elles se trouvent comme jetées à travers l'église, mais ce fait en lui-même tout en attestant le défaut de soin avec lequel ces pierres ont été replacées , ne prouve-t-il pas en même-tems qu'elles ne viennent point de Térouane ; et le même intérêt en effet qui les eut fait détacher et rapporter de ce lieu , n'eut il pas nécessairement présidé à leur replacement; et ne les eut-on fait venir à grands frais que pour les laisser si long-tems empilées sous l'horloge , comme il en est encore plus d'un témoin?

Ces réflexions nous portent donc à croire que ces diverses pierres, comme les *ex voto* dont nous avons parlé, ont été faites pour l'église, et auront probablement servi à paver jadis quelques chapelles , ou le chœur lui-même avant qu'il ne fut changé , exhaussé , et recouvert plus tard d'un riche damier de marbre noir et blanc. Quant à leur date , nous n'avons pour la fixer aucun autre document que les dessins et emblèmes de la pierre ; mais comme il est entre tous ces pavés analogie complète de style et de gravure , nous en conclurons du moins, et à raison de la date présumée des *ex voto*, qu'elles appartiennent en général au 13ᵉ ou 14ᵉ siècle.

(35) *Les tombeaux.*

A part les cénotaphes de St-Omer , de St-Archambaud , et d'Eustache de Croy, il est d'autres tombes encore dans cette église, qui , bien que moins vénérées , sont néanmoins curieuses aussi de dessin ou d'intérêt.

C'est entr'autres , au fond de l'une des chapelles de droite , et sous un ceintre surbaissé , entaillé à hauteur de six pieds dans la muraille , et orné de deux niches en ogive, le tombeau d'un ancien chanoine , fondateur de cette chapelle , et mort en 1450.

Ce monument , avancé sous le ceintre de plus de trois pieds et demi sur une longueur de sept pieds , peu élevé du reste au-dessus du pavé , est formée d'une large pierre bleue , épaisse de 8 pouces,

---

(*) Deneuville, *t* 3, *p.* 226 , *cité également en* 1269, *un chanoine de la collégiale nommé* Jean Wasselin.

parfaitement conservée , et qui recouvre un simulacre de tombe.
Sur cette pierre est sculpté en relief un personnage , revêtu de ses
habits sacerdotaux , le corps étendu , les mains croisées , un calice
sur la poitrine , et la tête posée sur un coussin , au-dessous duquel
se dessine également en relief un dais à triple arceau dentelé , et
garni d'un double écusson. Sur le bord de la pierre, on lit en caractères gothiques , et sur deux longues lignes , l'épitaphe suivante :

*Chy gilt maistre Antoine de Vissor licenciez en loys et Bacel-
ler en décret jadis chanoine des églises de Terewane et de Cheens
(de Céans.) fondeur de cette chapelle qui trépassa en l'an de
grace M IIIIC et chincquante le XXV jour de novembre priées
Dieu pour son âme.* Tel est ce tombeau.

Nous n'avons aucun renseignement précis sur le personnage
qu'il renferme ; nous trouvons seulement dans *Deneuville* (t. 3. p.
178) qu'en 1451 , le 28 septembre mourut *Antheine Wissocq* , fils
de Jean *Wissocq* chevalier fondateur de l'*Hôpital St-Jean* , qu'il
désigne comme chanoine de la collégiale (n. 35) et dont les
armes ont une grande analogie avec celles gravées sur cette tombe.
Nous trouvons de plus qu'il fut enterré dans une chapelle par lui
fondée en cette église , qui avait conservé son nom , et dans laquelle
(toujours dite de *Vissocq*) on voit qu'en 1629 l'archidiacre *Des-
camps* fut inhumé. Mais est-ce le même personnage , la même chapelle ? Ce *Wissor* est il un *Wissoc* , et l'erreur ne réside-t'elle que
dans l'incorrection de la lettre finale? Nous le croyons, sans vouloir
toutefois prendre sur nous la responsabilité d'une affirmation.

A côté de ce tombeau , dont tout l'intérêt repose comme celui
de plusieurs autres , dans le travail de l'artiste , plaçons une simple épitaphe , déjà à demi effacée par le tems , mais aussi un monument de reconnaissance que le chapître un jour élevait en l'honneur
de deux autres chanoines de l'église , tous deux enfants de la cité ,
tous deux unis d'une étroite amitié , et tous deux enterrés au gré
de leurs vœux , dans un même caveau de ladite église. C'est , au
milieu de ces intarissables débats du clergé , un souvenir du
moins qui repose agréablement le cœur !

L'un de ces chanoines fut Jean-François *Derudder* né dans le
faubourg du Hautpont , mort en 1740 , à l'âge de 54 ans ; l'autre fut
Jean-Marie *Hiecque* de St-Omer , mort en 1756 , à l'âge de 67 ans.

Le premier vaillant défenseur des droits du chapître , périt sur la
brèche , au grand deuil des siens et des fidèles ; l'autre non moins
utile , et comme son ami , élève aussi de la muse sacrée , chanta
comme lui, dans ses hymnes pleines de verve, les vertus , les hauts
faits du saint patron ; et l'office de St-Omer , dont ils furent les

communs auteurs , renferme plusieurs morceaux d'un véritable talent, qu'a traduits de nos jours un autre fils de la cité , M. le grand doyen *Bailly* , à leur exemple versificateur , théologien , homme de vertu sur-tout, et apôtre de paix.

Voici cette épitaphe , que l'on retrouve encore autour de la cloison du chœur.

D. O. M.

Hic jacent
R^d. ac ven.^{les} domini
Joannes-Franciscus Derudder *Altipontanus*
et
Joannes-Maria Hiecque *audomarensis* ,
Sacræ facultatis Parisiensis doctores theologi ,
Hujus-ce insignis ecclesiæ canonici ,
Qui , dùm viverent , omni eruditonis genere claruerunt ;
Litteraturá politiori , scitè incliti ,
In antiquitate avprimè versati ,
Rerum divinarum et sacræ doctrinæ peritiá
Inter paucos eximii ;
Non re minùs quàm titulo
Doctores.
His-ce præclaris ingenii dótibus illustres ;
Animi virtutibus illustriores ;
Morum suavitate ac simplicitate
Vitæ modestiá ac sanctitate
Omnium et amorem , sic et venerationem meruerunt.
Viri verè christiani ,
Cleri amatores et seduli cultores ,
Ecclesiasticæ disciplinæ tenaces ,
Nulli officiorum suorum parti defuerunt :
Pii ac religiosi canonici
Primus jura capituli dum strenuus defenderet
Heu ! nimis citò ingenti hujus ecclesiæ luctu
Ereptus
Obiit IV novembris , anni 1756 , ætatis 67 ,
Et amico cineri sociatus :
Sic quos natalitia , institutio , officia et tituli
Pietas , mores et doctrina effecerant
Socios ,
Vicina quoque sepultura
Sociavit.

Ora viator , ut sicut ambo temporali gavisi sunt ,
Sic etiam felici ac æterná gaudeant
Societate
Requiescant in pace.

(36) *La tombe grossière de St-Archambaud.*

C'est au fond de la croisée gauche de l'église Notre-Dame , relé-
guée contre le mur , élevée sur deux figures de lions en pose de
Sphinx , et sous la structure peu remarquable d'un carré long ,
nue , sans ornemens , grossièrement taillée dans un énorme grès ,
et recouverte d'une autre large pierre en dos d'âne qui lui sert de
couvercle et en complète le dessin , que l'on découvre cette vieille
tombe de *St-Archambaud.*

L'origine de ce monument , fort ancien du reste , n'a point de
date bien précise. Sa destination primitive n'est pas même certaine. Il est probable pourtant que ce fut un sarcophage ; mais il
semblerait dès-lors , à en juger d'après les savantes notions que M.
Legrand d'Haussy nous a données sur les sépultures nationales ,
(v. mém. de l'Inst. t. 2. an 7. p. 44 et 472.) qu'on ne peut en reporter l'époque au-delà du 13e. siècle ; non toutefois parce qu'auparavant on ne se servait point de sarcophage , car du moment au
contraire qu'on cessa de brûler les morts , et dès les 2e et 3e siècles on les enterra dans des cercueils de pierre , mais parce qu'en
général , et jusqu'alors sur-tout , les sarcophages nationaux eurent
pour type particulier la forme d'un carré long qui allait en se rétré-
cissant de la tête aux pieds , et que l'usage de leur donner une
même largeur aux extrémités ne parut , suivant cet auteur , que vers
le 13e siècle , pour faire place bientôt après à celui des cercueils en
plomb. (V. id. p. 479, 481, 649, 685 et 686.) C'est aussi ce que sem-
bleraient témoigner les tombeaux de *St-Bertin* , et celui entr'autres
de *Guillaume le Normand.*

La tombe de St-Archambaud serait donc, comme parallélogramme régulier , une œuvre du 13e siècle. Cependant, à le bien exa-
miner, il est impossible de ne pas lui assigner une origine beaucoup
plus reculée. La patience du travail, autour de ce grès excessivement
dur, la grossièreté du dessin, le brut de la pierre à sa partie extérieure , caractère particulier des anciens sarcophages destinés à
être déposés sous terre (v. id. p. 479), sont les premières réflexions qui viennent justifier ce sentiment.

A leur appui joignons ces circonstances, que St-Archambaud,
mort, vers 737, évêque de Térouane, et abbé des deux monastères
de Sitiu (v. n°. 25) , y fut enterré dans l'église et la chapelle

même de Notre-Dame; que sa tombe et sa châsse **y** furent en si grande vénération, que le produit des offrandes , qu'elles avaient attirées, fournit successivement, dit-on, et à la réparation de la première , et à l'édification de la seconde église qui remonte déjà , comme on l'a vu , vers 1055; que cette pierre enfin, si dure, si raboteuse, contre laquelle, selon l'histoire, les fidèles s'allaient frictionner à la file pour se guérir des maux de reins, porte sur ses parois usées des empreintes de dévotion irrécusables , et qu'une longue suite de générations a pu seule opérer. Or , de ces divers documens ne pouvons-nous justement conclure , que ce monument , s'il n'a eu destination plus ancienne , prend date au moins de la mort du saint évêque ?

Remarquons maintenant que la partie bombée du couvercle a été taillée postérieurement en surface plane , et cela sans doute , après son extraction de terre, pour y exposer, comme sur un autel, et à la dévotion publique, cette vieille châsse, dont parle *Deneuville*, t. 3., dans laquelle se conservait précieusement le chef du prélat , et que l'on visitait solennellement en 1466 et 1720, pour y substituer ensuite une *riche* châsse d'argent.

Remarquons encore que ces lions de pierre noire et polie , sur lesquels est élevée la tombe , sont des pièces de rapport , d'un travail soigné et très-ancien aussi , quoique de style postérieur à celui du sarcophage; qu'ils n'étaient point jadis, comme aujourd'hui, placés au centre du monument , et la face tournée du même côté , mais très-probablement aux deux extrémités de l'urne, comme en font foi d'abord les entailles qu'on y peut observer aux arrêtes inférieures et en parfait raccord avec le cou de chaque animal , puis l'impossibilité de maintenir la tombe en équilibre sur deux lions, placée sur-tout comme elle l'est aujourd'hui , sans un troisième point d'appui, (celui par exemple de la muraille ou de cet emplâtrage de briques et de mortier dont on a dû relever et allonger leurs extrémités), et enfin l'inadmissibilité de quatre lions pour supports , puisqu'opposés ainsi l'un à l'autre ils dépasseraient le sarcophage, contrairement à toutes proportions, de la moitié du corps; qu'ainsi l'on doit supposer que cette tombe était jadis exposée, non dans l'ancienne chapelle , dite *de St-Archambaud* , (où vers 1314 avait été déposée l'image en bois et agenouillée d'un *Guillaume de St-Aldégonde*, successivement chanoine, échevin et père de famille), ni d'autre part encore , au centre de l'église , et entre deux piliers de la grande nef, comme le raconte *Gazet*, qui fait ici confusion manifeste avec le tombeau de *St-Omer*, mais néanmoins en un lieu ouvert , et d'un accès facile aux ferventes dévotions des fidèles. Telles sont les réflexions et conjectures nouvelles que fait naître l'état de ce monument; et elles ne laissent pas que d'ajouter force encore à notre opinion, (partagée par M. Wallet), sur l'ancienneté de ce sarcophage.

Ce n'est point que les sarcophages en général soient fort rares. Il s'en est même retrouvé par milliers (v. *Caylus*, *Monfaucon* etc). Celui-ci cependant se distingue non-seulement par son origine, sa vieille physionomie, la grande vénération dont il fut l'objet, mais par la nature sur-tout du grès qui le compose, et dont la teinte roussâtre, mouchetée de larges taches noires, est sillonnée diagonalement par une infinité de linéamens gris qui en plissent les parois comme autant de fortes rides, et semblent avoir été formés par les diverses couches d'accroissement de la pierre.

Malheureusement l'impitoyable brosse de certain marguillier ne l'a point non plus épargné, et, en le couvrant de couleurs, nous a désormais empêchés de saisir dans toute sa vétusté ce reste de la tombe.

Quant à cette vertu de guérir des maux de reins, que l'on attribuait aux saints ossemens qui s'y trouvaient renfermés, c'était là plutôt une propriété de la pierre, et que l'on pourrait rencontrer encore ailleurs, sans assistance de miracle. C'est au surplus à la partie supérieure du sarcophage, sur son couvercle principalement, que se sont, à ce qu'il paraît, plus vivement empreintes les pieuses frictions de nos aïeux. C'est là en effet que la pierre se montre le plus fortement usée. Au centre et à la jonction du couvercle avec l'urne se manifestent également sur le grès poli quelques dégradations, une légère ouverture; et l'on en a conclu qu'elles provenaient des nombreuses offrandes qu'on y avait successivement introduites par cet endroit. Le fait est vraisemblable; mais il ne dut avoir lieu sans doute qu'après qu'on eut vidé la tombe de ses ossemens pour les mettre en châsse. Peut-être aussi ces traces de frottement ne sont elles dûes en grande partie qu'à l'instrument dont on se sera servi pour en soulever le couvercle et l'ouvrir, car elle fut plus d'une fois ouverte, et à des époques bien différentes. Elle le fut en nos jours de saturnales révolutionnaires, elle le fut quelques années auparavant, et alors déjà (au rapport d'un témoin oculaire), au lieu de riches présens, on n'y trouva plus que les modestes offrandes du pauvre, *quelques liards, quelques doubles* etc.

(57) *L'élégant cénotaphe de l'évêque De Croy.*

Eustache de Croy fut le 32ᵉ prévôt de la collégiale de Notre-

Dame (v. n.º 25) ; nommé évêque d'Arras en 1526 , il mourut douze ans après (1538) en son château épiscopal de Marœuil près cette ville , et fut enterré , comme il l'avait desiré , en l'.glise de St-Omer. C'est dans le chœur , à droite de l'autel, que fut déposée sa tombe ; et au-dessus s'éleva bientôt un magnifique cénotaphe de marbre noir et blanc , orné de riches figures d'albâtre posées à chaque extrémité d'un large soubassement , et réprésentant , sous une élégante sculpture , d'un côté, un évêque à genoux sur un *prie-Dieu* , de l'autre , une femme en longs vétemens tenant sous le pied un enfant avec un serpent , et figurant dès-lors , selon tradition généralement reçue, la religion écrasant l'hérésie ; au centre est la tombe , simple , légère de dessin et carrément allongée en forme de bateau , élevée au-dessus du soubassement par quatre supports , et surmontée de la statue d'*Eustache de Croy* , que l'on voit étendue sur un lit de parade , sans ornemens , et telle sans doute que la mort en avait pris le modèle pour le mettre au cercueil (*voy. littér.* 2. p. 183. *Gazet. Deneuv.* ut infrà). Au milieu de l'urne est une inscription , qui se répète de l'autre côté , et plus bas encore , (*Gall. Christ.* 3. p. 475.) dans le compartiment central du soubassement ; elle est conçue en ces termes :

D. O. M.

« *A. R. in. c. p ac ill. Dño de Eustachio de Croy Attrebat epŏ.* » *hujus et arie. (ariensis) SS. Aed. p̄prosito piæ matris i. filiu of-* » *ficiosus dolor monu. pos. Obüt. V. no. Octob. an MDXXXVIIJ.* » *Aeta. S. XXXIIJ.* »

C'était la douleur d'une mère , dame *Lamberte de Brimeux* , qui avait fait ériger ce mausolée. Plus tard la mort vint la déposer à son tour auprès de son fils , et dans une église qu'elle avait enrichie de ses pieuses fondations. (v. *Ferry de Locre* , Chron. des P. *Bas.* , *Gall. ch.* 3 , *Gazet* hist. eccl. p. 140 , *Deneuv.* t. 3 , et *voy. littér.* ut suprà.)

Ce monument fut là jusqu'en 1753 , que le changement du maître-autel et les travaux du chœur en demandèrent le déplacement. Alors on le transporta dans la première chapelle de la croisée gauche, et un losange en marbre blanc , incrusté dans le mur de cloison du chœur faisant face à la *carolle*, a conservé la mention de ce fait , et l'indication de la place qu'occupait précédemment ce tombeau.

Depuis cette époque la révolution en a mutilé les figures ; des marguilliers ensuite l'ont fait démolir pour le rechanger de place ;

et maintenant il gît , comme un misérable débris, dans une chapelle du pourtour , séparé de son soubassement qu'on retrouve en morceaux sous l'horloge , et dépouillé sur-tout de ses deux statues d'accompagnement , dont l'une s'est , dit-on , perduc dans quelques scènes patriotiques où elle représentoit la déesse de la liberté , et l'autre, poussée avec son prie-Dieu contre un mur de la chapelle des trépassés , reste là depuis longues années exposée à quelque nouvelle mutilation.

On espère néanmoins voir incessamment rétablir ce beau monument du 16ᵉ siècle, grâce au zèle infatigable et éclairé de **M. *L. de Givenchy***.

(38) *Du grand Dieu de Térouane.*

Il n'est aucun voyageur , visitant l'église de Notre-Dame , qui n'ait été frappé de curiosité à la vue de ce grouppe colossale du grand Dieu de Térouane que l'on rencontre posé contre un mur de chapelle , presque sous les orgues , et à demi éclairé par un jour de dessus.

Cette énorme figure que l'on remarque au centre, assise de face , et les pieds appuyés sur un emblême de ville ou du monde , un manteau jeté sur le bas du tronc , une couronne d'épines sur tête , et les mains avancées en signe de bénédiction; c'est celle *du Christ*. A ses côtés sont deux autres statues , quelque peu moins grandes , moins fortes de proportions , et tournées chacune vers lui, les mains jointes , en posture de supplians : l'une sous les traits d'une femme couverte d'un long voile et de longs vêtemens , l'autre sous les traits d'un jeune homme, la tête et le cou nuds , et portant également une longue tunique : ce sont celles *de la Vierge* et *de St-Jean*.

Ces figures n'étaient point jadis ainsi groupées ensemble ; élevées alors au milieu du vaste portail de la cathédrale de Térouane , et à quelque distance l'une de l'autre , elles s'y montraient au peuple dans des proportions mieux assorties , et avec un intérêt d'action qui leur manque complètement, aujourd'hui qu'isolées dans un coin obscur de l'église , elles sont là serrées l'une contre l'autre , comme de tristes exilées à qui le sort a permis de se rapprocher pour mieux confondre leurs souvenirs, Mais, à part cette absence d'harmonie qui porte toujours un préjudice capital au monument détaché de son ensemble , il est dans les formes colossales de ce grouppe , dans sa vieille origine , dans cette grande catastrophe dont il se trouve aujourd'hui peut-être le dernier débris, un élément d'instruction et de curiosité que l'on ne peut méconnaître.

Ce fut vers 1554 que,soustraites au désastre de Térouane,ces trois figures furent amenées en l'église Notre-Dame. La colère du vainqueur s'était alors un instant apaisée, et Charles-Quint avait accordé au chapître de St-Omer l'autorisation d'emporter en son église le portail de l'ancienne métropole de la Morinie.

On avait espéré d'abord pouvoir le rajuster à l'une des entrées de la basilique de Sitiu, et le chapître avait à cela destiné 200 florins (v. archiv); mais on vérifia bientôt qu'il était de trop large dimension, et l'on se borna dès-lors à en détacher les trois grandes figures dont nous avons parlé, laissant le reste sous l'impitoyable arrêt du vainqueur. Ce fut pour la ville une circonstance de fête que l'arrivé de ce monument, et la population en foule courut à Notre-Dame, pour y voir, y toucher ces formes imposantes du *Grand Dieu de Térouane.* Bientôt néanmoins la curiosité fut satisfaite, et, comme il était sans miracles le *Grand Dieu*, il resta toujours en haute vénération dans sa chapelle, mais peu visité des fidèles, et sur-tout sans offrand s. Cette chapelle au surplus, dans laquelle il fut primitivement placé,était la première de la nef droite, celle-là même au-devant de laquelle il se trouve aujourd'hui, et qu'on a vidée et fermée à plein mur pour y retirer le dais et d'autres objets destinés aux cérémonies religieuses.

Quoique l'origine du monument paraisse cette fois constante, il est cependant encore autour de sa date du vague, de l'incertitude. Si l'on suppose en effet, chose assez vraisemblable du reste, qu'il ait été sculpté en même tems que les divers ornemens du portail au milieu duquel il était placé, on en conclura justement que ce fut au moins une œuvre du 11ᵉ siècle, puisque telle est, selon *Deneuville* (t. 3.) l'époque de la construction de ce portail comme de la cathédrale de Térouane. Mais si l'on examine avec attention le travail des figures, le style de leurs draperies, si de plus on les compare soit aux figures du tombeau de St-Omer, soit à celles, presqu'identiques de dessin, que l'on retrouve à l'entrée méridionale de Notre - Dame, si l'on remarque enfin ces tracés d'ogive qui se rencontrent dans l'emblême de ville qui lui sert de base, on croira plus exactement, selon nous, et avec M. Wallet aussi, que ce groupe du grand *Dieu de Térouane* ne peut avoir date antérieure au 12ᵉ siècle et qu'il dut être appliqué après coup à l'édifice dont il fesait partie.

Cet ancien monument religieux serait probablement encore intact, (car il n'est mention aucune qu'il ait été dégradé dans le transport) si le marteau de 93 ne l'avait entamé en passant, et n'y avait fait sauter là un doigt, là une main, là une partie du nez. Mais ce qui l'a plus sensiblement dégradé : ce sont ces épaisses couches d'huile et de couleur assez mal assorties à la teinte de la pierre , et sous lesquelles on est allé masquer sa physionomie antique ; se sont ces lèvres rouges , ses yeux et sourcils bleus que l'on a donnés à chacune de ces figures ; c'est de plus ce croissant bicolore que l'on a dessiné sous le sein droit de la statue du Christ , en souvenir du coup de lance qu'il y avait reçu sur la croix ; c'est ce bariolage de diverses couleurs dont on a recouvert les toîts , les tours , les murailles de cette espèce de ville posée sous les pieds de la statue ; c'est enfin cette couronne d'épines que l'on a tellement reverdie et défigurée sous la peinture , que plusieurs personnes , (à notre connaissance), l'avait prise depuis pour une couronne de laurier , et avaient cru voir dans cette image du fils de Dieu une origine toute payenne , une figure convertie de *Jupiter Stator*.

Voilà certes de ces actes de mauvais goût que l'on a peine à concevoir au 19ᵉ siècle , de ces dégradations de sang froid qui révoltent les arts. C'était encore, sous sa vieille pierre usée , le génie de Térouane survivant à tous ses désastres ; ce n'est plus aujourd'hui sous le luisant de la couleur, qu'une mascarade de l'antique..... Mais disons-le bien vite, ce tatouage des monumens (car il en fut de même encore dela tombe de St-Omer) est ici l'œuvre d'un ex-marguillier de paroisse , d'un étranger. (V. n° 36.)

(39) *De légères figures d'anges et de saints.*

C'est principalement dans la galerie de gauche qu'elles se font remarquer.(V. n. 3o *ad fin*). Il en est une entre autres, déplacée de sa balustrade , délaissée depuis longues années sur la tombe de St-Archambaud , et véritable petit chef-d'œuvre sous son costume de prélat et sa belle barbe, qui a plus d'une fois excité les sympathies de l'artiste et de l'amateur. (V. *Souven. du Pas - de - Calais*) Pourquoi, depuis long-tems, n'est-elle point, ainsi que la statue du tombeau de *Croy* , reposée sur son monument ?

(4o) *Descente de croix de Rubens.*

Ce tableau , que quelques personnes attribuent à un élève de *Rubens* plutôt qu'à l'auteur lui-même , a été néanmoins acheté par le chapître , en 1612 , comme original, et moyennant la somme de 25o florins. (V. *arch.* de l'égl , *Deneuv.* t. 2, et *Collet.*)

En face est un autre tableau , vieux , immense , sorti du vaste réfectoire des *Dominicains* , et représentant le jugement de *Jésus-Christ* , avec l'opinion particulière de ses juges. C'est , dit-on , une œuvre de l'école italienne ; c'est du moins , d'après son étendue ,

une œuvre peinte sur les lieux , et peut-être par le père jésuite qui
avait décoré de ses peintures l'élégante église des *jésuites François*
de St-Omer. Plus loin au retour de la nef droite , et dans la chapelle de *Wissor* ou *Wissoc* (v. n° 35) est un autre tableau , représentant *St-Jean* au milieu de ses disciples , et attribué à *Raphaël ;*
c'est plus exactement l'ouvrage d'un artiste distingué de la cité ,
d'*Arnoud Dewrez* dont le père *milicien* et *tourneur* , habitait le
faubourg du *Haut-Pont* (hist. des peint.), et qui a laissé en divers
endroits ent'autres à l'église *St-Sépulchre* de cette ville , comme à
celle de *St-Pierre* à Douai , des ouvrages fort estimés.

(41) *Le cri de l'émeute et le bruit des armes.*

Ce fut sur-tout vers 1578, au jour du renouvellement de la loi ou
de l'élection du magistrat, que ce cri de l'émeute retentit dans son
enceinte. On vit alors une multitude de peuple, sortie en grande
partie de la place et du faubourg du *Haut-Pont* au cri de *patriots*
(v. **n.** 57), et poussée *en halle* par un certain *Sinoquet*, s'avancer de
là furieuse et grondante jusqu'en l'église Notre-Dame, pour y apos-
tropher le *Mayeur* (*Delarue*) qui assistait alors avec le gouverneur à l'office divin, et lui enjoindre « de venir au plus tôt réunir le
» corps du magistrat et satisfaire aux demandes du peuple, » ajou-
tant : « qu'il *n'était point tems d'ouïr la messe* dans le moment
» qu'on devait être occupé du salut de la ville ; qu'ils voulaient
» avoir des capitaines et des lieutenans pour chefs, et que si les per-
» sonnes du magistrat gagnaient 100 florins, et eux que 20 sols seu-
» lement, ils paieraient autant qu'eux, etc. » (V. *Deneuv.* t. 2. p.
268 et 274.)

Mais ces cris, ces actes de violence plus d'une fois répétés, mar-
qués alors par l'emprisonnement de plusieurs membres du *magistrat*, n'avaient pour but, au demeurant, que de forcer les citoyens à
renvoyer les échevins en fonctions, et à les remplacer par d'autres
individus du choix de ces *patriots*. Tel fut même le caractère de
cette émeute, qu'après avoir duré quatre mois d'abord pour recommencer ensuite, elle ne put être enfin terminée, sous l'intervention
du prince, que par un compromis, et la punition des sept principaux coupables.

Quant *au bruit des armes* dont nous avons parlé, il suffit pour
justifier le texte de rappeler les attaques des Normands, les différens siéges de St-Omer, et les tentatives sur-tout des Français vers
l'ancienne porte Ste-Croix ; tentatives retracées alors sur des bas-
reliefs curieux, dont deux entre autres parvenus jusqu'à nous ,
l'un en bois, l'autre en pierre blanche, se voient encore, le pre-

mier à la bibliothèque publique , le second à quelque distance de la ville , au château de M. *de Wisques* , où l'avait , à ce qu'il paraît , transporté l'un de ses ancêtres , certain jour que dans la crainte d'exciter la mauvaise humeur des Français, leurs vainqueurs, à la vue de ce monument d'une ancienne défaite, le corps du magistrat, dont ce sieur *de Wisques* était membre, décida qu'il serait enlevé de l'Hôtel-de-Ville où il se trouvait pour lors.

On pourrait encore ajouter ici l'histoire *des noces de St-Omer*, si élégamment racontée dans l'*Indicateur de Calais* (nov. 1830, n°s 59 et 60), et qui nous représente cette ville reprise par les Bourguignons *aux cris du chat*, et le vainqueur s'élançant à Notre-Dame pour empêcher la cérémonie nuptiale que l'on y célèbre, et là une lutte d'armes , au pied même de l'autel, entre les deux prétendans (le comte *de Montmorency* et *Maurice de Waldenheim*), et celui-ci deux fois vainqueur, retrouvant sa fiancée, la belle *Marie Vanrothfels*, heureux alors, et bientôt époux, s'agenouillant humblement à son tour au pied de cet autel qu'il avait, quelques jours avant, souillé de sa colère. Mais, à part certains faits avérés dans l'histoire, il n'est pour les détails de ce joli récit d'autre garantie (à nous connue),que la parole de l'auteur ; et vraiment, malgré son mérite, nous craignons qu'on n'exige de nous quelque témoignage moins moderne.

(42) *Jurant , etc.*

Le type de tous les sermens de suzeraineté, prétés à Notre-Dame depuis 1269 , est dans celui que Robert II envoyait à cette époque à la ville de St-Omer , *en signe d'affection*. C'est aussi le plus ancien , à ce qu'il paraît , dont il soit resté quelque trace écrite. (v. *archiv*,) En voici le texte :

« Comme nous avons ouy que nos devanciers seigneurs de la
» ville de St-Omer , ont tous taché en leur première entrée en cette
» ville , d'y prêter serment aux bourgeois pour la conservation de
» leur ville et de leurs priviléges , et ne voulant en aucune façon
» diminuer lesdits priviléges , n'y leur déroger , nous avons fait le
» serment en cette ville de Paris , et avons juré que nous serions
» bons et fidèles seigneurs de cette ville et bourgeoisie , et que nous
» les conserverons , maintiendrons , et deffenderons selon les pri-
» viléges de nos prédécesseurs que nous confirmons, et voulons,
» encore que nous ayons fait le serment à Paris , et entendons
» que les premières fois que les seigneurs de la ville iront en icelle
» qu'ils aillent droit en l'église de St-Omer où ils le feront, et ne
» voulons en aucune façon préjudicier à ce serment , ni que l'on

» tire à conséquence de ce que nous l'avons fait à Paris , où ce pri-
» vilége fut donné par écrit , datté du mois de décembre 1269. »

Ce serment, successivement répété à Notre-Dame par les divers souverains d'Artois , le fut également en 1500 par Philippe d'Autriche , en 1516 par Charles-Quint , et en 1549 par le prince Philippe , son fils.

L'avant veille de la cérémonie , (31 juillet) le prince avait fait son entrée suzeraine par la porte du *Haut-Pont*, et après avoir traversé toute la ville, *entre les rangs de la bourgeoisie en armes et belle contenance*, il était descendu à l'abbaye de St-Bertin, où venait d'arriver également l'empereur. Le lendemain les états d'Artois , réunis alors à St-Omer, avaient été convoqués par ordre de Charles-Quint pour délibérer sur les *formes de réception et prestation du serment,* (car il s'agissait d'autre part aussi de recevoir celui des habitans), et le 2 août , le cortège s'était mis en marche vers la collégiale , où un *oratoire de drap d'or* avait été préparé dans le chœur pour le prince et son père. Après l'office,le prévôt *Oudart de Bresaque* vint saluer Philippe et le remercier de *l'honneur de sa présence* ; puis lui offrit *selon l'ancienne coûstume , une pieche de vin* qu'il accepta, lui fit voir le *chef de St-Omer* , et le conduisit solennellement au *jubé* que l'on avait également décoré de riches pièces de drap d'or , et où en présence de M. *de Granvel* , évêque d'Arras , des prévôt et doyen de ladite collégiale , du comte *de Rœulx* , gouverneur de Flandre et d'Artois pour l'Empereur , du grand bailly de la ville le sieur *de Wimes* , du *mayeur* , des échevins, d'un grand nombre d'autres personnes de la noblesse , et en vue de tout le peuple dont l'église était remplie , il fit le serment indiqué par Robert II , et dans les termes suivants :

« Je Philippe , par la grâce de Dieu, prince d'Espagne, des Deux
» Siciles , Hiérusalem , archiduc d'Autriche , duc de Bourgogne et
» comte d'Ausbourg, de Flandres et d'Artois etc, jure que pendant
» ma vie et la succession de ce pays , j'observerai et ferai observer
» les anciens priviléges, coustumes, franchises,et libertés concédées
» par moy et mes prédécesseurs, et celles qui se concédront à l'ave-
» nir à la ville de St-Omer et à sa bourgeoisie , pourvu qu'elles
» soient légitimes et en usage , et que je les garderay et défendray
» de toute oppression , violence , et trouble , comme j'y suis obligé
» en qualité de leur souverain et naturel seigneur ; ainsi Dieu m'as-
» siste et ses saints. »

La ville et bourgeoisie fit de son côté son serment de fidélité par la *bouche d'un conseiller* , et ainsi qu'il suit :

« Nous jurons au très-haut, très-excellent, et très-puissant prince

» *Dom Philippe* prince des Espagnes, des Deux Siciles , et de Jéru-
» salem etc. Archiduc d'Autriche, duc de Bourgogne, comte d'Aus-
» bourg, de Flandres , et d'Artois , de le reconnaître d'ici en avant
» pour notre prince souverain et naturel après la mort de l'*Empereur,*
» notre seigneur souverain et son père , que Dieu garde , et que
» nous lui serons bous et fidèles vasseaux et que nous lui obéirons
» et à ses ministres et officiers , que Dieu nous aide et ses saints. »

Et cela fait , le prince fit jeter au peuple *dans la nef de l'église et*
en signe de réjouissance une quantité de monnaies nouvelles d'or
et d'argent à son coin. (V. *archiv.* , *Deneuv.* , t. 2. et *Hennebert.*)

C'était aussi dans la forme accoutumée et avec le même cérémonial qu'avait été fait et reçu le serment de 1516, comme celui de
1500 , (v. M. *Piers* , p. 88) ; et par ses lettres patentes de ladite
année (1516) , Charles-Quint avait également confirmé en termes
formels tous les priviléges précédemment accordés par ses devanciers, en les reprenant même sans exception les uns après les autres.
(V. *Deneuv.* , t. 1 et *archiv.* de la ville.)

(43) *Selon leurs priviléges.*

Entre autres priviléges , concédés à la ville de St-Omer par ses divers souverains. voici sur-tout, d'après ses archives et d'anciens ex-
traits de charte, ceux qu'en 1190 *Philippe*, comte de Flandre , à
l'exemple de *Guillaume le Normand,* lui accordait en mémoire de sa
fidélité, et les droits de juridiction qui en résultaient pour son église
ainsi que pour ses magistrats :

« Quand à moy je confesse que ceux de la ville de St-Omer m'ont
» estez plus fidels serviteurs, et à tous mes prédécesseurs que tous
» les autres peuples de la Flandres , c'est pourquoi je leur confirme
» leurs loix et coustumes, et ordonne que si quelque bourgeois de
» la ville était accusé en quelqu'autre ville en ce qui touche la foi
» catholique, il ne soit obligé de répondre en cette ville, mais en
» sa propre ville, pardevant son évesque ou archidiacre, son doyen
» ou prêtre et sera en sûreté des accusations et réponses jugé par
» les ecclésiastiques et eschévins de cette ville. » Il adjoute aussi:
» que les bourgeois de cette ville seront exempts de touts au-
» tres tribunaux hors de leur ville , et ne seront obligés d'y ré-
» pondre sinon en trois cas. 1º Pour avoir violé les églises et lieux
» saints. 2º Pour avoir blessé un clerc. 3º Pour le cas de violences
» et oppression d'une femme. » Il dit ensuite : « Si quelque étran-
» ger était cité par le châtelain, ou baillif, ou ses officiers pour avoir
» injurié, outragé ou maltraité un bourgeois, et ne voulut compa-
» raître dans trois jours , ni satisfaire pour l'offeuse , ceux du

» commun du peuple pourront venger l'injure de leur frère, sans
» que de ce qui puisse arriver ils ne soient aucunement responsa-
» bles ni intéressés ; et ils seront exempts et excusés de coulpe sans
» encourir mon indignation et disgrace. Que si celui qui a injurié
» comparaît, il sera jugé selon les lois et coustumes de la ville et la
» grieffeté de son fait. Je leur accorde aussi toute la liberté que les
» autres comtes de Flandres, mes prédécesseurs, leur ont accordés,
» de ne sortir de la ville pour porter les armes en quelque cas que
» ce soit, excepté seulement lorsque l'ennemi entrera dans la Flan-
» dres et l'attaquera, car alors ils seront obligés de défendre le
» comte et son pays. Je donne aussi pouvoir aux eschévins de cette
» même ville, d'exécuter et faire justice de toutes sortes de person-
« nes sans exception, et du comte même. Je leur accorde de plus
» toute la liberté et franchise qu'ont les eschévins les plus libres du
» pays nonobstant toutes coustumes contraires. » (*Archiv.*, Deneuv. t. 2.)

« Voilà l'estime, dit à cette occasion *Deneuville*, que le comte
Philippe faisait de la bourgeoisie de St-Omer, et l'affection qu'il lui
portait pour sa fidélité. »

C'est par là, selon les historiens, que cette ville avait conservé ses
franchises, acquis, augmenté ses priviléges; et ces témoignages *d'affection* qu'elle recevait de Philippe , elle les recevait de son successeur , de la plupart de ses souverains , du roi Jean entr'autres ,
dont l'infortune avait trouvé chez elle un si noble dévouement , et
qui payait en remercîmens et exemptions d'impôts , ses otages , *sa
bonne amour , les sommes de monnoye qu'elle avait baillées et
finées pour l'aide de sa délivrance.* (V. lettres d'octroi du roi Jean
en date du 4 septembre 1361 , les lettres patentes de 1516 et 1549
données successivement par Charle-Quint et son fils , et avant tout
celles de Guillaume de Normandie accordées en 1127.)

(44) *Des sermens et des traités.*

Les reliques exercèrent une grande influence sur l'esprit des
peuples et des rois. « Les sermens les plus ordinaires des anciens
» français , nous dit Voltaire , se fesaient sur les reliques des saints.
» Ce fut ainsi que les Gontran , Sigebert et Chilpéric partagèrent
» les états de Clotaire et convinrent de jouir de Paris en commun ;
» ils en firent le serment sur les reliques de St-Polyeucte , de St-
» Hilaire , et de St-Martin » , et cette coutume de jurer par les reliques fut sanctionnée par le concile de Trente.

» On sait encore , comme le fait observer le même écrivain , que

» les rois de France de la première et de la seconde race , gar-
» daient dans leurs palais un grand nombre de reliques , sur-tout
» la chape et le manteau de St-Martin, et qu'il les faisaient porter à
» leur suite et jusque dans les armées ; qu'on envoyait les reliques
» du palais dans les provinces lorsqu'il s'agissait de prêter serment
» de fidélité au roi , et de conclure quelque traité. » (*Volt.* dict.
phil. , *Mézerai, Vély , Daniel.* etc.)

(45) *Un certain Morus gardien.*

La plupart des historiens ont qualifié *Morus* de *gardien* , et de
moine , (v. *Gazet , Malbrancq , Ypérius , Folquin* , etc.) et ça
été pour l'abbaye un argument sur lequel elle est revenue souvent ,
et à plaisir , dans ses discussions de prééminence avec Notre-Dame.

Un gardien , disait-elle , avait rang de supérieur parmi les chanoines ; le gardien *Morus* était moine : donc , concluait-elle, c'était
parmi les moines qu'étaient choisis les supérieurs de la collégiale ;
donc c'était l'abbaye qui nommait à ces dignités ; donc elle avait
suprématie sur l'autre église. Tel était son raisonnement : ses preuves,
elle les trouvait , d'une part et tant qu'à *la supériorité* du titre de
gardien , dans les qualifications de *custos , edituus , intendant ,
prévôt même* , que lui avaient indifféremment données certains auteurs ; d'autre part et tant qu'*au droit de nomination* , dans la
charte,(vraie ou fausse) de St-Folquin, charte rendue, prétendait-on,
en assemblée sinodiale tenue à Notre-Dame sous *Odgrin* et l'abbé
Hugues, et de laquelle il résultait qu'en réparation du dommage que
la sécularisation de cette église avait causé à l'abbaye , on avait
accordé droit à cette dernière , 1º de nommer un moine pour gardien de ladite collégiale , 2º d'y célébrer quatre fois par an la sainte
messe , et 3º d'y prendre à son profit toutes les oblations et donations qui y seraient faites.

Le chapître de son côté voulait que les fonctions de gardien n'eussent jamais été que subalternes , soumises à la nomination des prévôts , aux réglemens du chapître , telles à peu près que celles des
sacristains ; et pour appui de son assertion il invoquait une bulle
d'Alexandre III , qui définit le gardien *minister in potestate præ-
positi decani et capituli* etc. , l'exemple de Térouane où confor-
mement à cette bulle le gardien n'était autre qu'un sacristain , et
enfin la conduite même de *Morus* , la corruption si facilement
exercée sur lui , et qu'on n'eut point osé tenter évidemment sur un
chef de collégiale , un égal du corrupteur.

Le chapître en second lieu expliquait les mots *Monachus quidam*,

employés pour désigner *Morus* , par l'état de communauté dans lequel les moines sécularisés de *Sitiu* avaient continué de vivre durant
près d'un siècle ; (V. *Deneuv.* , t. 3 , p. 6.) ; ce qui avait plus
d'une fois amené chez les auteurs l'expression *monachus* pour désigner ces nouveaux chanoines ; et il justifiait cette explication par
le silence même que les historiens de cette abbaye avaient gardé sur
le nom et la qualité du successeur de ce *Morus* , dont elle avait cependant recueilli et soigné les infirmités. (V. *vérit. de l'hist.* p. 160
et 316 , *orig. de St-Bertin* , p. 264 , et suiv. , et *mém.* de 1707 ou
1708 publiés pour l'abbaye.). *Ypérius* , il est vrai, en parlant (ch.
29) du gardien *Herric* , le désigne également comme un moine ;
mais ce gardien fut-il le successeur immédiat de *Morus* ? Est-ce en
définitive l'abbaye qui l'a nommé à ces fonctions ? C'est là ce que
ne nous dit point *Ypérius*. Quant à la charte de *St-Folquin*, c'était
suivant le chapître un acte fabriqué par l'abbaye , et à l'autorité
duquel répondait suffisamment d'ailleurs la bulle de Nicolas Ier en
date de 862 , qui avait accordé à la collégiale le privilége de l'élection des charges.

Dans ce conflit d'argumentations , le chapître parut avoir raison
sur ce point. Sur l'autre au contraire , malgré les exemples et autorités , par lui cités , applicables évidemment à des tems postérieurs on tint presqu'unanimement que les premiers gardiens
étaient des supérieurs , de forme assez semblable aux *gardiens* de
couvent , *intendants* d'abord et plus tard *prévôts* , de telle sorte
qu'en 1013 il n'y eut qu'un changement de nom à opérer dans la personne du premier prévôt Baudouin. (V. nᵉ 23 , et les auteurs
ci-dessus , ainsi que *Gallia Christ.* , *Dom de Vienne* t. 1 , *Hennebert* t. 1. , et *Ypérius* , *ut suprà* ch. 3, qui qualifie *Morus*
d'*edituus et custos thesauri.*)

(46) *A côté de l'abbé de St-Riquier , etc.*

V. sur ces divers miracles , châtiments et faits qui suivent ,
Folquin , *Malbr.* t. 1 , *Ypér.* ch. 12, *vérit. de l'hist. de l'égl. de
St-Omer, acta sanct.* 9 sept., t. 3 p. 392 et 413, et *Mabil.* sect, 4 ,
ann. Bened. p. 523.

Quant à l'abbé de ce vieux monastère de *St-Riquier* (ou *Centule*)
dont la dernière église, comme monument d'architecture gothique,
est si curieuse , si fraîche encore d'intérêt au milieu des restes de
son antique cité , cet abbé était , disent quelques auteurs , petit
fils de Charlemagne par sa mère et se nommait *Ribeton.* (V. *ut
suprà.*)

(47) *Qui le jète comme mort , etc.*

Écoutons en cela le récit de *Deneuville* t. 3, p. 46, « le bruit des
» cloches qui annonçaient le retour glorieux de St-Folquin et des
» saintes reliques le surprit à table et le jeta en telle fureur qu'il tomba
» demi mort. Il resta quelque tems aveugle, sourd et comme perdu
» d'esprit , puis après il recouvra la vue et l'ouy mais il resta tou-
» jours faible d'esprit et ce qui est encore plus admirable c'est qu'il
» n'a jamais pu tourner sa tête vers l'église de St-Omer. » C'est-à-
dire que son atteinte d'apoplexie, (car c'en était très-probablement
une)lui avait par suite occasionné une affection du cou ou du cerveau,
qui l'empechait de voir ou de se rappeler l'église dont il avait été le
gardien. (V. *Malb. Act. sanct.* 9 sept. 3 v. t. 1. *verité de l'hist.*
et *ann. Bened.* p. 623.)

(48) *Ce n'est plus un rapt , etc.*

Le clergé n'en était plus réduit alors , comme au tems des persécutions , à ces strictes aumônes que l'on accorde à la nécessité ,
il avait des biens nombreux et nourrissait déjà ses *bénéficiers* , ses
abbés commenditaires , qui ne furent que trop souvent, sous la seconde race , des hommes d'épée à qui l'on donna la commande des
monastères pour les aider d'abord à repousser les normands , puis à
faire subsister leurs familles; espèce *d'abbas miles* , tel que l'était
probablement notre abbé de St-Bertin *Hugues.*

Cependant cette fortune pécuniaire du clergé , si rapidement élevée en France , eut aussi ses révolutions. Du moment que le christianisme avait obtenu entrée dans les palais, les dons, les offrandes
n'avaient plus été des aumônes , mais des actes de munificence , de
libéralité dont les sources abondantes étaient la piété , l'ostentation,
le repentir , la crainte , la séduction elle-même , et parfois aussi la
haine contre un héritier : car on profitait de tout, malgré les sévères
et éloquentes défenses de St-Jérôme et de St-Augustin contre semblables moyens de s'enrichir.

Sous la première race, les offrandes faites aux églises furent con-
sidérables. C'était un tems de conquête et de crimes ; le vainqueur ,
comme le coupable, donnait avec profusion ; et l'on acceptait même
de ce dernier, bien qu'il fût aussi formellement ordonné de *refuser*
tout ce qui était soupçonné le produit d'un crime : mais alors déjà
le mot n'avait d'application qu'à l'égard des petits criminels.

Cependant vers la fin de la première race les biens du clergé
avaient été pillés , et pour lui donner secours Charlemagne avait

établi la dîme ; ce qui n'était plus seulement un acte de libéralité , mais un impôt véritable.

Advint plus tard, et dans le cours des dixième et onzième siècles, une troisième révolution dans l'état financier de l'église : révolution toute intestine , mais fatale sur-tout au clergé de paroisse. La plus grande partie du temporel passa chez les moines, et ce fut même à grande peine que les prélats et ministres d'un ordre supérieur parvinrent à se défendre pour leur propre compte de cette usurpation. La fortune isolée du petit clergé séculier en fut presque anéantie ; celle des moines au contraire s'en accrut d'une manière prodigieuse ; et comme on jugeait de l'influence des prières par la puissance terrestre de ceux qui les devaient prononcer , c'était de préférence aux moines que les fidèles adressaient, sous le titre d'*aumône* et *pro remedio animæ* , leurs nombreuses donations, leurs amples charités testamentaires.

Vinrent aussi les croisades pour ajouter singulièrement aux richesses du clergé; mais tout en forçant les seigneurs à la vente de leurs biens, elles ne les amenèrent que dans les mains de ceux qui les pouvaient acheter, et le bénéfice entier s'engouffra de nouveau dans les communautés. Le petit clergé séculier, tout appauvri, ne trouva d'autres ressources à imaginer alors en sa détresse , que les honoraires des messes, des obits, le casuel des sacremens, etc., nouvelle espèce de biens, composée d'une infinité de petites gaspilleries, que lui vint disputer encore la foule des ordres mendians.

Au 16e siècle arriva le protestantisme, et avec lui une quatrième révolution dans la fortune des églises : révolution moins sensible toutefois en France que dans les Pays-Bas, en Allemagne et en Angleterre, mais qui amena néanmoins à sa suite, d'abord et au profit de l'état, des contributions notables sur le clergé en corps , en second lieu, et au profit du clergé séculier, son admission aux *commendes* des bénéfices réguliers, sans réciprocité même, afin de faire refluer en ses mains une portion du revenu des monastères.

Puis vint au 17e siècle la répartition des portions congrues pour subvenir aux besoins des curés et des vicaires.

Puis au 18e les limites apportées à la faculté d'acquérir de la part du clergé, et la suppression ou réunion de nombreux établissemens ecclésiastiques.

Et enfin , de 1789 à 1793 , l'abolition des ordres religieux , la déportation du clergé , et la confiscation de tous ses biens.

Telles furent les diverses révolutions qu'éprouva la fortune des monastères, des églises, et dont l'influence se manifesta successivement aussi dans la ville de St-Omer, et plus particulièrement sur les églises de Notre-Dame et de St-Bertin. (V. *Pialès, l'abbé Fleury, Fabre, Vanespen, D'Héricourt, Rousseau-la-Combe, Durand de Maillane*, v. biens d'église, commandes, bénéfices, etc. *Deneuv.*, t. 3 et *bull. des lois.*)

Ajoutons encore, comme cause spéciale de révolution financière pour Notre-Dame et l'Abbaye, l'invasion des Normands et leurs établissemens sur les côtes de Calais et de Guines (v. n. 20), le schisme d'Avignon et les confiscations prononcées par Urbain VI contre les tenans de Clément VII, au nombre desquels, à l'exemple de la France, étaient ces églises et l'Abbaye sur-tout, dont tous les biens d'Allemagne furent ainsi confisqués en 1333. (V. *Gazet, Deneuville*, *vérité de l'hist. de l'égl. de St-Omer.*)

(49) *Le coup de hache de Baudouin VII.*

Ce *Baudouin* VII , 12ᵉ comte de Flandres fils de *Robert* de Jérusalem, fut surnommé *hapkin, haphman* ou *à la hache*, non parce que ce fut là son arme de combat, mais parce que sa verte justice, aussi prompte que la hache de Clovis, tomba sans relâche sur tous les crimes , et principalement sur le brigandage des barons.

L'éloignement du pouvoir durant les croisades , les habitudes et la misère de ceux qui en étaient revenus, avaient partout établi le droit de la force; et ces sombres citadelles, élevées pour la défense, s'étaient bientôt converties pour la plupart en repaires de coupables agresseurs.

Robert, à son retour de la Syrie, avait cherché vainement à réprimer ces désordres sans nombre. *Baudouin* les combattit plus vivement, de plus près ; et dès son début au gouvernement, plaçant sous sa protection spéciale les orphelins, les veuves , les églises et le peuple, rangeant sous une même loi tous les coupables, il publia, aux comices d'Ypres, cette Charte de *la paix publique*, dite aussi de la paix *commune et seignoriale* , que quelques écrivains attribuent à son successeur, et qui jurée par lui, les grands ainsi que le peuple , portait entre autres dispositions : « Défense contre toute escalade nocturne de la demeure d'autrui, contre tout » incendie, tentative ou menace d'incendie, et peine de mort en cas » d'infraction. Défense aussi de port d'armes à toutes personnes autres que les baillis, gardiens de places, et semblables officiers du » prince; et peine du taillion contre les auteurs de meurtres ou » blessures, si l'attentat n'était justifié par la nécessité d'une légitime défense. »

Il ne s'arrêta point toutefois à ordonner des peines, et à porter partout, voire aussi sur les magistrats, ses arrêts et son active surveillance; il mit lui-même plus d'une fois la main à l'œuvre. Ainsi on le vit un jour sur la place publique de Bruges, se saisir d'un seigneur d'*Ostrecamp* convaincu d'avoir enlevé deux vaches à une pauvre femme, et le faire immédiatement jeter tout armé dans la chaudière bouillante d'un teinturier, et qu'on avait là disposée pour le châtiment d'un faux-monnoyeur. Ainsi encore on le vit une autre fois à *Winendale* faire arrêter onze chevaliers de grand nom qui avaient détroussé des marchands forains, obliger l'un d'eux à lier et accrocher ses compagnons à une poutre, l'y accrocher lui-même ensuite, et culbuter le banc qui leur servait d'appui. (*Ypér.*, p. 607, *Sander.*, p. 50, t. 1, *Oudegh.*, ch. 49 *Buzelin*, p. 207, et *génér. des comtes de Flandre.*)

Il n'était cependant que bien jeune encore, quand la couronne de comte était venu décorer son casque; à peine avait-il dépassé sa 18e année. Mais à une impétueuse valeur il joignait une fermeté de caractère, une capacité d'esprit vraiment supérieures et qui en eussent, fait sans doute un des souverains distingués de son époque, (car les comtes de Flandre alors se disaient aussi *souverains par la grâce de Dieu*), si la mort ne l'eut sitôt frappé à bas du trône pour le jeter dans une tombe de l'abbaye de St-Bertin, (*Malbrq.* t. 3, p. 84, et les auteurs ci-dessus.)

Sa redoutable épée venait d'humilier en Normandie les armes du roi d'Angleterre, contre lequel il courait venger une double usurpation; et lui-même, suivi seulement de 500 hommes d'armes, était allé frapper de sa lance à la porte de Rouen, et provoquer *Henri* en combat singulier, lorsqu'à son retour, soit dans une embuscade, soit dans quelques-uns de ces tournois qu'il aimait tant à fréquenter, (car les opinions sont diverses sur ce point), il reçut au front une blessure assez grave, que la négligence ou la perfidie rendit bientôt mortelle. Alors se voyant approcher de sa fin, et hors d'état sur-tout d'achever désormais ce grand œuvre de justice qu'il avait si énergiquement commencé, il réunit ses barons en assise solennelle, déposa la couronne, leur désigna le nouveau comte, et s'en alla recueillir ses derniers jours, sous le froc et la discipline, dans le monastère de St-Bertin où, après dix mois de prières et de souffrances, il expira dans les bras du pieux abbé *Lambert*, son oncle maternel, à l'âge de 26 ans. Sa sollicitude pour son peuple qu'il laissait sans appui au-dedans comme au-dehors (car il mourait sans postérité), s'était surtout manifestée dans le choix de son successeur. C'était *Charles*, fils de *Canut*, roi de Danemarck, son cousin germain, son ami, une vertu par lui éprouvée, qu'il avait persisté, malgré l'opposition de sa mère, à vouloir pour successeur; et la piété de Charles, ses actes nombreux de charité, de protection envers le peuple, sa ferme justice à l'égard des grands, (fermeté qu'il paya de sa tête), ce titre enfin de *bon* qu'il laissa après sa mort, ont pleinement justifié le choix de *Baudouin.* (*Yper.*, 7. p. 613, 620 et suiv., *Sander.* p. 52; *Buzel.*, p. 5.)

Quant à ce dernier, sa bienfaisance s'était de nouveau tournée vers l'abbaye qu'il avait choisie pour asile. Ce fut le vicomté de *Bourbourg* avec haute et basse justice; l'immunité de la ville d'*Arques,* la confirmation et l'amortissement de tous biens présens et à venir *légitimement acquis*, qu'il lui conféra par lettres patentes *dépéchées* à Aire en 1119, et signées de *Jean* , évêque de Térouane, de deux archidiacres, des prévôts d'Aire et St-Omer, du comte *Baudouin* et enfin de *Charles Canut* , son successeur. (*Deneuv.* t. 1 , *Ypér.* p. 14, et les auteurs ci-dessus.)

Ypérius a daté cet acte *d'avant la mort* de Baudouin ; mais ce ne fut certainement pas après son entrée à St-Bertin et sa démission du pouvoir qu'il dut avoir lieu, puisqu'il a été passé à *Aire* où ce comte avait précédemment sa résidence, et qu'il était d'ailleurs de principe dans notre ancien droit que les *lettres d'amortissement ne pouvaient émaner que d'autorité souveraine.* Une pensée, dit-on aussi, vint souvent, même au fond du cloître, agiter Baudouin; ce fut le souvenir d'une jeune épouse, *Agnès de Bretagne*, qu'il avait tendrement aimée, et dont le pape lui avait imposé la séparation pour cause de parenté au 7e dégré. Il n'avait osé résister à l'ordre du pontife ; mais ce divorce lui saigna long-tems au cœur, et jamais il ne voulut se remarier. (V. *Ypér.* , *Oudegh.* , *Buzel.*, *généal. des comtes de Flandre*, etc , *ut suprà.*)

Tel avait apparu , dans le comté de Flandre , ce *Baudouin à la hache*; et tel était le jeune moine qu'en 1119 les religieux de St-Bertin inhumaient solennellement en leur église. C'était au maître-autel que l'on célébrait ses funérailles, et dans l'enceinte carrée du chœur se trouvait le clergé de Notre-Dame avec son prévôt, puis l'élite de la noblesse flamande, le châtelain, le mayeur, les échevins, les notables de la cité, et au-devant le nouveau comte rêvant au moyen d'assurer une puissance contestée, sans entrevoir le fer assassin qui huit ans après, à Bruges, lui devait partager la tête au milieu des siens, au pied même d'un autel.

La cérémonie terminée, on déposa le corps de Baudouin dans un caveau de l'église, et au-dessus fut élevé un magnifique cénotaphe en bronze doré, surmonté d'une croix de même métal, et près duquel durant, long espace de tems, l'abbaye lui célébra chaque année un double et solennel anniversaire.

Telle était , et en parfait état de conservation encore, cette tombe de Baudouin VII , qu'*Ypérius* avait vue et qu'il a décrite. (V. p. 614) Cependant *Sanderus* et d'autres auteurs , comme lui moins anciens , ont parlé d'un cénotaphe de marbre , d'une chapelle *Ste-Croix* où se trouvait , de leur tems aussi sans doute , le corps de Baudouin *Hapkin*. Mais ce monument , cette chapelle , qu'ils ont pu voir , n'étaient plus évidemment ceux de 1119. Les lieux avaient changé ; la flamme avait détruit l'église de Lambert et le cénotaphe en fer de Baudouin VII. Mais plus tard il était probablement arrivé que sur cette tombe , replacée dans un autre endroit de l'église nouvelle , dans une autre chapelle sans doute , un autre monument avait été érigé , et c'était là vraisemblablement celui de marbre qu'avait vu *Sanderus*. Tels sont les différens faits, relatifs à l'histoire de ce comte de Flandre, que nous avons cru devoir rappeler ici comme dignes d'intérêt et nécessaires sur-tout à l'explication du texte. (V. nᵒ 75).

(50) *Allant supplier l'archevêque de Rheims.*

Telle était alors cette influence des évêques sur l'esprit des peuples, qu'en 1110 et à la suite d'une assemblée solennelle de principaux seigneurs de Flandre , convoquée et réunie par le comte Robert en la ville de St-Omer , on voit l'évêque d'Amiens *Godefroy* , officiant-à la *messe minuit* de Noël , rejeter au moment de l'offrande les pré-sens de tous ceux qui portaient les cheveux longs *à la façon des femmes* , et la fierté des seigneurs , qui s'était aussitôt redressée pleine de murmures , appaisée immédiatement et soumise , se cou-pant les cheveux du mieux possible à l'aide même d'un couteau ou d'une épée à défaut de ciseaux, dans la crainte de « *s'attirer quelque malheur , si elle n'obtenait la bénédiction du saint homme.* (Ms. de *Deneuv.* , t. 3 , p. 52.)

(51) *Croix d'évêque , etc.*

Cette petite croix tissue d'or et de soie , qui tenait aux linges et à l'étole, portait encore en , caractères d'or que le tems n'avait non plus effacés, ces mots : « *hoc signum crucis erit in cœlo, cùm domi-* » *nus ad judicandum venerit.* » (V. *Deneuv.* t. 1 et 3.)

La châsse , dans laquelle ces ossemens étaient renfermés et *em-maillotés comme un enfant* , était couverte d'un drap *particulier* , et déposée dans une seconde plus grande et tellement bien ferrée

que les ouvriers appelés pour l'ouvrir eurent *longue peine* à en détacher les bandes de fer. (*Deneuv.* 3.)

C'étaient là sans doute la châsse et les insignes que , vers 845, St-
Folquin cachait sous terre avec les ossemens de St-Omer , dans la
crainte d'un nouveau rapt, et des normands. (V. *Ypér.* , *Molan.* ,
Malb. l. 8 ch. 44 t. 1 , *Deneuv.* t. 1 et 3 et *act. sanct.* 9 sept.
t. 3 p. 394 , 395 etc. ; v. aussi n° 54 in fine.)

(52) *Une dent à un seigneur de Lillers.*

Ce seigneur nommé *Ingeramen*, avait, avec son père *Vignemars*,
fondé à Lillers, et en l'honneur de St-Omer , une église qui portait
le nom du saint prélat , et de plus établi près d'elle des chanoines pour y célébrer , en mémoire de son patron , *les louanges de
Dieu.* C'est en considération de cette pieuse fondation , que prosterné , comme tous les assistans autour de cette châsse , il sollicitait
humblement ainsi que ses chanoines la faveur d'une relique ; et qu'il
obtint , du consentement de la Comtesse , *une dent*, que Roger l'un
d'eux, vint recevoir pour ladite église. (V. *Deneuv.* , t. 3.)

Le chapitre de *St-Amé en Douai* , possédait aussi quelque fragment du corps de St-Omer , (v. *Acta sanct.* sept. 3, p. 395 n° 50,
et *Raisium* p. 42) ; mais il l'avait obtenu sans doute à une
autre réouverture de la châsse, car cette fois il n'est mention parmi
les gratifiés , que de l'archevêque de Rheims *Vido* , de l'évêque de
Térouane *Drogo*, des abbés de *St-Remy*, *St-Bertin* et *St-Winock*,
du doyen de Rheims , et du susdit seigneur *Ingeramen.* (V
Malbr. , t. 1 l. 8 , et *Deneuv. ut suprà.*)

(53) *De burlesques mascarades.*

C'est principalement au 14e et 15e siècle, que l'on rencontre dans
les mœurs de la France et de la Flandre , les mascarades , les
saturnales publiques , les jours joyeux. C'était l'ivresse d'un instant
de liberté au milieu d'une vie de contrainte ; et alors, comme d'ordinaire, cette ivresse débordait partout et jusque dans les églises.

Parmi les diverses saturnales qui s'agitaient, vers le 14e siècle ,
au milieu de St-Omer , celles des fous, *festa fatuorum* , étaient en
cela sur-tout remarquables. Ainsi, au rapport de *Deneuville* , (t. 3.
p. 65) : « aux jours de St-Nicolas , de Noël et suivants , les habi-
» tués de l'église au tems de l'office divin couraient masqués dans
» le chœur et jetaient tous les livres par terre et faisaient plusieurs
» autres extravagances. »

Ces abus, qu'une coupable tolérance , ou plus souvent l'absence des prévôts , avait laissé s'introduire et subsister depuis plusieurs siècles , furent prohibés formellement et *sous de grosses peines* par ordonnance du 24 novembre 1407 , émanée de Pierre Trousseau ou Trouselly 26ᵉ prévôt de la collégiale ; et « *dès-lors*, ajoute *Deneuville , personne n'osa plus prendre le nom d'évêque , d'abbé , ou d'autre ecclésiastique des foux , fatuorum.* »

Quoi qu'il en fût advenu de celle-ci , d'autres fêtes de même nature se perpétuèrent au milieu des cérémonies , et sans parler des fêtes de *l'âne*, de *St-Hubert*, de *St-Éloy* etc. , celle *des Innocens* , assez analogue à la première , se célébrait encore à St-Omer à l'arrivée de 1790.

Chaque année en effet, le 27 de décembre, on promenait par la ville de jeunes enfans revêtus de divers costumes religieux , et à l'église les *coutres* , ou enfans de chœur , s'asseyaient gravement à la place des chantres , et ceux-ci , en échange de fonctions, accroupissaient burlesquement leurs épaises et larges carrures sur le *scabelle* du petit *coutre* , cherchant de leur fausset à imiter la voix de l'enfant, et celui-ci , de son côté, à contrefaire la basse taille, et les grimaces du chantre.

Ces pasquinades étaient un reste du moyen âge. Aussi quand , à la réouverture des églises, on vit reparaître dans les rues de St-Omer quelques jeunes enfans déguisés en religieux et religieuses, cet ancien usage , qu'on voulut raviver, ne put-il au plus tenir que deux ou trois années en présence du 19ᵉ siècle, de ses mœurs sans contrainte, de ses libres habitudes.

Disons cependant qu'il était aussi jadis à côté de ces périodiques mascarades des pratiques de haute philantropie ; et telle était entr'autres celle qui voulait qu'à chaque grande fête , on demandât au magistrat l'élargissement d'un prisonnier. (*Deneu.* , p. 17, t. 3 et capit. de *Ch͞. M.*)

(54) *Entendons le peuple.*

C'était *portes closes* sur le peuple , nous apprend *Deneuville* , que cette vérification avait été faite , soit qu'il en dut être ainsi d'après les institutions du tems, soit que l'église fut trop petite pour contenir la foule : ce qui n'eut pas empêché toutefois d'en laisser les portes ouvertes. Mais après qu'on eut vérifié qu'il ne *manquait rien aux ossemens, excepté les extrémités de quelques doigts* , après que l'évêque *Drogo* , eut entonné à *haute voix les louanges de Dieu en l'honneur du grand saint* , que les chantres les eussent répétés *en nombre et avec mélodie* , qu'on eut réemmailloté les ossemens , et recouvert la petite châsse d'un drap , comme on l'avait trouvée, on la sortit hors des portes de l'église pour l'exposer à la dévotion du peuple, et *on la plaça sur un grand mont de pierres qu'on avait rassemblées pour la fabrique de la nouvelle église que l'on bâtissait alors.* Selon le même auteur , l'évêque de *Térouane Drogo* et l'escolâtre *Succardin malgré leur grand âge , y demeurèrent constamment, comme s'ils y étaient collés ; et la foule était si grande qu'il fallut y mettre des personnes fortes pour la conservation du precieux dépôt , et recevoir les offrandes des fidèles.* L'archevêque durant ce tems *célébra solennellement la messe ,* puis après un *long et beau sermon,* il vint rechercher les reliques , *les reporta avec l'évêque sur les épaules jusque dans la vieille église, au chant du clergé et du peuple* qu'il bénit ensuite, après que la châsse par lui déposée sur l'autel eut été, avec *les lettres ou certificats authentiques,* ainsi qu'une autre *croix d'argent où le nom de M. St-Omer y* étaient bien marqué , enfermée dans la grande châsse barrée de fer , et celle-ci ensuite dans une troisième *garnie de belles lames d'argent bien travaillées , comme on le voit encore,* ajoute *Deneuville , au maître autel de ladite église ,* (v. *Malb.* t. 2, *Henneb.* , t. 1. , *vérit. de l'hist. de l'égl. de St-Omer , Acta sanct.* sept. 3 v. p. 394 et *voy. littér.* t. 1 p. 183.). Les deux bénédictins auteurs de ce dernier ouvrage , rapportent également avoir vu ces reliques *conservées dans une belle châsse d'argent , longue d'environ six pieds et élevée à proportion , mais dont le travail surpassait de beaucoup la matière.* Si ces religieux ne parlaient *de visu* on serait tenté de mettre en doute l'exactitude du renseignement sur la longueur de la châsse.

(55) *Durant la foire.*

« En 1070 *Robert* II, comte d'Artois , visita ses villes de St-
» Omer et Aire , et trouvant que St-Omer était fort marchande ,
» sur-tout à raison du port de Gravelines ; ce qui faisait que toutes
» les marchandises de France qu'on transportait en Angleterre , et
» celles qu'on tirait de cette isle pour la France , étaient deposées à
» St-Omer, y institua deux belles foires de six semaines par an ,
» *ce qui lui fit grand profit,* » ajoute *Deneuville.* (V. t. 1er, et
aussi *Ypér.* , *Malbr.* , *Hennebert* etc.) Plus tard (1127) la résidence de *Guillaume le Normand* dans sa fidèle et *bien aimée* ville ,
ne contribua pas faiblement non plus à en augmenter la richesse , et
l'on conçoit le désir de Froissart « qui *voulut voir St-Omer pour ce*
» *que cette ville lui semblait belle de murs , de portes , de tours*
» *et de beaux clochers.* »

(56) *Celle encore de* 1269.

En 1269 on ouvrit de nouveau la châsse de **St-Omer** pour en extraire le chef , que l'on isola desormais sous un buste d'évêque. A
cette réouverture , qui fut en même tems une vérification nouvelle
des reliques , assista *Guillaume d'Oie* , abbé de St-Bertin ; et de
même que son prédécesseur , il appliqua sur le procès-verbal qui en
fut dressé et en témoignage d'exactitude , le sceau de l'abbaye. (V.
Deneuv. t. 2 , *Ypér*. ch. 57 , *Malbr*. t. 2.)

Hendericq, (t. 2, p. 386 de son Ms.)nous raconte « qu'en l'an 1446,
» le 9 de septembre , fut translaté le chef de St-Omer d'un vaisseau
» d'argent doré où il avait reposé plusieurs années , et mis dans un
» autre vaisseau représentant la face d'un évêque avec sa mître en
» tête et trois angels qui le soutenaient , qui était beaucoup plus
» magnifique et somptueux que le précédent. »

Locre, en sa *chron. belg*. année 1313, rapporte qu'à cette époque
le chef de St-Omer, « *mirificè decoratum fuisse per Mathildem ar-*
» *tesiœ comitem.* » Selon M. *Bally* , (p. 27) ce magnifique présent
de la comtesse *Mathilde*, ou *Mahault* qui , d'après *Deneuville* ,
et *Malbrancq* (t. 1 p. 309) , *représentait si parfaitement* l'auguste physionomie du saint apôtre , aurait été donné à Notre-
Dame *en* 1313 , et depuis *jusqu'à la révolution* déposé près de la
sacristie, *derrière une grille dont le chapître et les échevins avaient
chacun une clef.* Or , de ces trois dates données au même fait laquelle préférer ? Les deux dernières peuvent être exactes ; mais
celle de 1313 sur-tout paraît avoir pour elle , sinon la majorité des
opinions , du moins la vraisemblance des faits : car c'est en 1320
que cette comtesse de Flandre *Mahault*, pour laquelle on venait de
débattre si violemment l'héritage d'Artois , visitait sa *fidèle ville*
de St-Omer ; c'est en 1324 qu'elle y assistait à une nouvelle vérification des reliques ; en 1324 également qu'elle y fondait le couvent
des *sœurs du soleil* ; et c'est vraisemblablement aussi vers cette
époque, qu'elle payait la fidélité de ses bons *Audomarois* par ce magnifique présent. (V. *Deneuv., Henneb.* , *Sander.* , *Buzel.* t. 2 , et
de plus *Hénault, Mezerai, Vely* et *mém. de l'acad.*).Quant à la date
ci-dessus donnée par *Hendericq* , elle paraît n'avoir d'autre appui
que son auteur , à moins qu'elle ne s'applique à un fait postérieur ,
à un troisième changement de buste , car on peut redire ici ce qu'à
cet égard ont écrit les bollandistes : *sæpiùs deindè lustratum fuisse
corpus* sancti audomari *credebile est et veri simile, quamvis ad nos
non parvenerit distincta aliarum inspectionum notitia.* (9 sept.
p. 395 , n° 57.)

(57) *Tant en flamand qu'en français.*

On sait qu'au bas de la ville , et en partie derrière St-Bertin , est un faubourg , composé d'habitans dont l'origine, les mœurs, le langage ont été l'objet de nombreux examens et de graves erreurs. Sans relever pour le moment une discussion à laquelle se refusent l'objet et l'espace étroit d'une simple note , il nous suffira de rappeler que ces habitans du faubourg du *Haut-Pont* et de *l'Isel*, ces derniers de mœurs fort douces , religieuses, et casanières , ceux là plus citadins et plus remuans (v. n° 40) , ne parlaient alors, les *Liselars* sur-tout, que la langue flamande , quoique la ville fût toute française de langage. Delà cette nécessité de traduire le procès-verbal et les paroles adressées au peuple dans les deux idiômes , (v. *Deneuv.* , t. 3 , et *mém. de la sociét. des antiq. de France.*)

(58) *En présence de la comtesse Mahaut.*

Elle était venue à cet effet à St-Omer quelques jours après la scène ci-dessus décrite, et accompagnée du prévôt d'Aire. L'abbaye fut de nouveau invitée à assister à cette vérification , mais l'abbé prétexta cause d'absence , un autre , cause de maladie , et personne de la communauté n'y comparut. (V. sur ce point et les autres faits exposés au texte, *Deneuv.* , t. 1 et 3 , et aussi n° 56).

(59) *Postérieurement désignée.*

Voici la partie du procès-verbal , tenu par le conseiller *Haberge* , relative à la prétendue chàsse de l'Abbaye. . . . .
. . . .
. . . . » Le samedy, 19 jour dudit mois (août 1469), nous
» nous transportasmes en ladite eglise de St-Bertin...... et en nostre
» présence et aussi desdits de chapitre , fut descendu la chàsse en
» laquelle lesdits religieux prétendaient estre partie du corps de
» Monseigneur St-Omer,.... et à l'ung des coings de ladite chàsse
» trouvasmes une petite plataine assez largette, clouée de huit cloux
» d'or, en laquelle estoient escripts les vers qui s'ensuivent :

> » *Hic Audomari venerabile corpus habetur,*
> » *Qui dudùm Morinis præsul erat celebris;*

» et à l'endroit du mellieu dudit coing est en pourtraiture Monsieur
» St-Omer, et au-dessous est escript, en une autre plataine clouée
» de six cloux d'or, en lettres d'or, *sanctus Audomarus episcopus;*
» lesquelles plataines, ensemble lesdits vers, pourtraiture et escrip-

» ture, lesdits de chapitre maintenoient estre fait depuis cinquante
» ans en çà, lesdits de St-Bertin disant et affirmant ce que dessus
» avoir esté escript et pourtrait au coing de ladite châsse de toute
» ancienneté.... et à l'ung des côtez de ladite châsse estait escript ce
» qui s'ensuit : *reliquæ sanctorum qui in hoc vase continentur, de*
» *sepulchro domini et de sepulchro Matris sanctæ Mariæ virginis,*
» *de pulvere sancti Johannis Baptistæ, de barbá et vestimentis Pe-*
» *tri Apostoli;* et à l'autre des côtez d'icelle châsse estait : *duæ vir-*
» *gines ex undecim millibus, de sancto Walberto, Columbano,*
» *Eustatio, de sanctá Marthá, de sanctá Cæciliá, de sputo domi-*
» *ni, de tunicá inconsutili, de sanctis Martyribus Mauritio sociis-*
» *que ejus,* et six apôtres à l'entour.... En tesmoin desquelles cho-
» ses nous avons signé ce présent procès-verbal de nostre seing
» manuel, et fait sceller du scel de nos armes.

» Haberges. »

Il reste à savoir encore que l'abbaye de St-Bertin, de même que
celle de Choques (près Béthune), prétendait posséder un cheveu de
la vierge, rapporté, disait-on, de la Palestine. (V. *Mabillon,* et *vé-*
rité de l'hist. de l'égl. de St-Omer.)

(60) *Puis un acte de soumission.*

Il appert du long protocole qui précède le concordat et l'arrêt
d'homologation du 29 avril 1445, que ce procès sur *entreprise et*
nouvelleté de l'abbaye avait été *meu* d'abord pardevant la prévôté
de Montreuil ; puis sur appel , et à raison de compétence , renvoyé
par le Parlement de Paris devant le bailly d'Amiens , ou son lieutenant audit Montreuil ; puis par incident, ramené devant le Parlement qui , sur requêtes respectives des parties , avait retenu la
cause et désigné commissaire à effet de descendre sur les lieux , et y
vérifier les pièces contentieuses ; ce qui fut fait , comme on l'a vu, en
1469, par *Jéhan Haberges.* (V. n° 58. et *note sur l'Artois de Bultel.*)

Il en appert encore que *durant ce litige* , c'est à dire vers 1479,
à en juger d'après certaine requête du chapître , présentée en août
de cette année au grand conseil de l'archiduc, pour se plaindre que,
nonobstant ces choses (le procès) , *il avait plu ausd. de St-Bertin*
de faire mettre en bas lad. casse contemptieuse pour le porter à
procession avant le ville de St-Omer......, et que lesd. de St-Omer
faisant leur procession en leur patronaige.... à l'entrée de la rue
que on dit du Mortier, ils veirent et encontrèrent lesd de St-
Bertin portans entre autres choses la dite casse contemptieuse.
Que durant donc ce litige plusieurs autres incidents et procès se sont

*mieux entre lesdites parties et leurs gens tant en matière de nou-
velleté comme d'appel ; et que le tout pendoit encoires indéciz pardevant gens du grand Conseil de Mgr. l'archiduc d'Autriche ,
comte de Flandre et d'Artois , durant les guerres et divisions lors
reignans.....*

Que c'est enfin *pour tous différens appasier qu'ont de piècha
(autrefois) été faites plusieurs ouvertes et mis en termes ; et que
sur le concordat se départirent les parties de tous procès pen-
dans en ladite Court de Parlement, comme pardevant messei-
gneurs du grant conseil de Mons, l'archiduc d'Autriche conte
d'Artois , ou ailleurs , comme ou à quelque cause ou occasion
que ce soit.*

Telles avaient été , à cette quatrième période des débats de ces
églises, la nature de juridiction à laquelle on avait eu recours, et les
nombreuses procédures auxquelles ces contestations avaient cette
fois donné lieu. Les incidens , les événemens politiques avaient ici
multiplié les juges, prolongé, et agrandi le litige. Deux grands corps
judiciaires avaient dû s'occuper de ces misérables discussions; et ce
n'avait enfin été , qu'à l'aide d'un concordat , que s'était terminé ce
procès de plus de trente années , et à sa suite ce débat de sept
siècles environ.

Voici les *lettres d'exécution et soumission audit arrêt* , qui
furent données au chapître par l'abbé *Antoine de Berghes* et son
couvent.

» A tous ceux qui ces présentes lettres verront, Antoine de
» Berghes , par la permission divine humble Abbé de l'église et
» Abbaye de S. Bertin en St-Omer , Prieur , et tout le couvent de
» ce mesme lieu, au Saint siège apostolique immoiennement subjet,
» salut en Notre Seigneur. Scavoir,faisons que pour furnir,parvenir,
» et mettre à exécution par voie amiable le contenu ès lettres d'ar-
» rest , parmi lesquelles ces présentes sont enfixées , nous en la
» présence de révérend Père M. *Jehan de Bourgoingne* , Prévost ,
» maistre Nicolas *Ramber* , doyen , Prothonotaire du Saint Siège
» apostolique , Maistre *Robert Pepin* , Sire Simon *de Villers* ,
» Maistre Philippe *de la Brique* , Sire Robert *Poilly* , et Maistre
» Cornil *Richard* , chanoine de l'église collégiale de St-Aumer
» oudit St-Omer , avons le chinquième jour du mois de juing , au
» mil CCCC quatre vingt-quinze , fait oster de la châsse et fiertre
» estant en nostre église et abbaye, dont mention est faite esdites let-
» tresd'arrest,l'ymaige de S. Aumer,et rompre les platines et escrip-
» tures estans tant dehors comme dedans , faisnans mention que en
» icelle châsse et fiertre avoit ou cuist quelques parties des osse-

» mens du corps et du chief de M. S. Aumer , sans ce que jamais
» les y puissions remettre ; et avons promis et promettions pour
» nous et nos successeurs , de jamais porter à processions générales
» ou particulières la dessusdite châsse , ne les ossemens dessusdits,
» ne d'iceux faire aucune ostension pour bailler *occasion* ou *cause*
» *de murmure* au peuple , et aussi que aux processions qui se fe-
» ront doresnavant , ne useront de protestation ne d'autre chose
» dérogeant audit arrest ; et pour donner à cognoitre au peuple le
» union et concorde touchié audit Arrest , nous avons le vingt-
» unième jour de cedit mois de juing esté à procession générale
» aveques lesdits de St-Aumer , selon le contenu en icelui arrest ,
» sans avoir usé des protestations dessusdites ; et au surplus pro-
» mettons leaument et de bonne foi parvenir , observer , et en-
» tretenir ledit arrest en tous ses points et termes , sans jamais
» aller au contraire , vœullant et accordant ces présentes valoir
» auxdits de St-Aumer , et sortir semblable effet comme se ledit
» arrest euist esté exécuté par forme judiciaire , le tout soubs les
» yeux de nostre ordre et soubs l'obligation et ypotèque de tous les
» biens et temporel de nostredite église et abbaye , en tesmoin de
» ce nous avons mis les scaulx de nous Abbé et Couvent à ces pré-
» sentes lettres , qui furent faites et données en nostre dite église
» de St-Bertin le vingt-cinquième jour dudit mois de juing audit an
» mil CCCC. quatre-vingt-quinze. »

Cet acte , et ceux ci-dessus rappelés se trouvent inscrits en un
procès - verbal , dressé le 20 novembre 1495 par *Charles de
Saveuse* bailli au baillage de St-Omer , les mayeur et échevins
de cette ville , et dans lequel ils déclarent avoir lu *ces lettres de
sentence , accord , et arrest de parlement* , ainsi que *autres lettres
du couvent de St-Bertin.* C'est de ce procès-verbal , écrit sur une
immense feuille de parchemin , retrouvé récemment dans les archives de Notre-Dame , et dont nous devons la communication aux
obligeans offices de M. *Herman-Legrand* , que nous avons extrait
les documens ci-dessus. Quelques-uns aussi se rencontrent parmi
les pièces justificatives de l'ouvrage intitulé : *vérité de l'histoire de
l'église de St-Omer* , p. 416. , etc.

(61) *A part quelques incertitudes.*

Des *ossemens*, une *croix*, quelques *insignes sacerdotaux*, voilà
tout ce que la première fois on avait trouvé dans la châsse ; c'était
assez pour désigner un évêque, mais non plus particulièrement St-
Omer qu'aucun autre, et dès-lors un premier doute était naturel à
qui avait sur-tout rivalité, intérêt contraire à débattre. Ajoutons que

quelques extrémités de doigts avaient été reconnues *manquer* à l'ensemble des ossemens *emmaillotés*, et que rien ne prouvait par suite, que ces petites parcelles d'os ne pussent avoir été enlevées ou perdues, et se trouver en définitive à l'abbaye de St-Bertin? Ces doutes partagés par *le Bollandiste*, auteur des notes sur la vie de St-Omer (*act. sanct.* 9 sept. , t. 3, p. 394 et suiv. n°s. 52 , 58, etc.), avaient-ils été levés entièrement par la vérification de 1055? Non peut-être ; mais il y avait eu sentence publique et contradictoire , et cela devait suffire pour des hommes de piété, à qui il convenait d'éviter , et non d'exciter ainsi constamment, les *murmures* du peuple.(V.l'*acte de soumission*,n^e. 60.) Il était d'ailleurs en faveur du chapitre, et malgré les chartes et raisons invoquées par l'abbaye pour établir que c'était à St-Bertin que *Folquin* avaient jadis enterré ces reliques,des rapprochemens de titres , une vraisemblance de faits , une opinion ancienne et générale qui lui devaient assurer gain de cause en pareil cas. (V. *vérité de l'hist.* etc.)

(62) *Du haut du baillage.*

Ce baillage se tenait d'abord au château près la porte Bollénisienne , d'après *Deneuville*, (t. 2.)

(63) *Sur les ruines de Térouane.*

Térouane, capitale des *Morins*, fortifiée par Silvius Tervanus, ravagée par Stilicon, et à divers époques par les hordes aventurières de l'Allemagne; prise par Constantin,puis par Claudion,puis parClovis ; donnée plus tard à Audacer premier forestier de Flandre, prise ensuite par Edouard, puis par Maximilien, roi des Romains, puis par Charles VIII, roi de France, puis enfin par Charles-Quint ; rasée alors de fond en comble , et aujourd'hui sans vestige aucun de tous ces vastes débris, sur lesquels la colère du vainqueur avait jeté cet anagramme : *De Leti MorInI;* telle a été cette ville célèbre. Avec elle aussi tomba, en 1553, son église non moins célèbre, et qui avait produit nombre de saints évêques, huit cardinaux, et le pape Clément VII. Son diocèse fut divisé quelques années après en trois évêchés, celui de St-Omer, de Boulogne et d'Ypres; et son clergé, qui entretems, et durant neuf années, avait reçu du chapitre de St-Omer tous les témoignages d'une fraternelle hospitalité, s'en alla, vers 1562, recommencer à Ypres sa nouvelle fortune. (V. *Deneuv.*, t. 1, p. 3, 13, 15, 18, 44, 165, 220, 239, 240 et 241., *Malbr.*, t. 1, p. 632., *Robert*, Ch. Q. n^es. *Macqueriau* hist. d'Europe , et aussi n°s. 25 et 45.)

(64) *Prétentions diocésaines.*

(V. *Collet, Deneuville, Hennebert, archiv. et vérit. de l'hist.* etc.)
Voici de nouveaux débats de prééminence, de nouvelles particularités non moins piquantes que nous rapporte encore *Deneuville,* et
dont quelques-unes sans doute se sont agitées devant lui, puisqu'on
le voit, au commencement du dix-huitième siècle , vice-curé de
Saint-Sépulchre , puis curé de Sainte-Aldégonde , deux paroisses
de St-Omer. (V. son ms. t. 1, p. 490, t. 2, p. 435 , et t. 3, p. 123 et
suiv.)

Rappelons avant tout, que les abbés de St-Bertin étaient autorisés
à porter crosse et mître, et officier en habits pontificaux dans leur
église; que souvent même ils s'étaient rendus en ce costume aux
processions publiques ; mais qu'en cela, suivant le chapître , ils
avaient outrepassé leur droit, puisqu'une fois sortis de leur enclos
ils étaient sous la juridiction diocésaine de l'évêque, et que nul autre que lui n'y pouvait, sans sa permission , faire fonctions et porter
emblêmes de pontife. Tel était, comme on l'a déjà vu, le nouvel objet de leurs discussions. C'était une mître cette fois au lieu d'une
châsse, un intérêt d'amour-propre au lieu du bénéfice des offrandes,
mais au demeurant ce fut même violence, même petitesse dans les
moyens.

A ce sujet déjà de nombreux et vifs débats avaient eu lieu dès la
fin du seizième siècle, et principalement entre l'évêque *Jean VI* et
l'abbé *Vaast de Grenet.* Ceux-ci mêmes avaient nécessité l'intervention du pape, l'envoi d'un légat à St-Omer, et n'avaient été terminés
que par un concordat, qui en définitive n'avait rien résolu. Au siècle suivant, ils se renouvelèrent et reprirent une nouvelle intensité
sur-tout , sous l'allure décidée d'*Alphonse de Valbelle.*

Il advint à cette époque (1704), que l'abbé *Deplanque de Béthune,* excité par ses moines, arrêta en conseil qu'incessamment, et
à la grande procession du St-Sacrement , il sortirait en costume
pontifical. L'évêque *Alphonse de Valbelle* , averti du projet , en
instruisit le commandant de St-Omer (*M. de Clairac*) , et le pria
en même tems d'assister à cette cérémonie , afin qu'il pût rendre à
la cour un compte plus fidèle de ce qui s'allait passer. Cet officier
voulut vainement interposer sa médiation , et détourner de leur dessein MM. de l'abbaye. Mais le public était entré dans la confi-
dence ; et le spectacle annoncé , il fallut aller en avant. Ecoutons
en effet *Deneuville* : « l'abbé partit donc de St-Bertin , en crosse
» et mître , et escorté de toute sa justice , de nombre d'avocats ,

» procureurs , et notaires , sans oublier nombre de Valets de la
» maison , et bien de la canaille , qui de tems à autre criaient :
» *vive St-Bertin ! et l'abbé ira à la procession !....*

» Lorsque tout ce cortège fut arrivé à la porte de l'enclos cano-
» nial de Sitiu , MM. de St-Bertin s'arrêtèrent , attendant la croix
» du chapître qui a coutume d'aller prendre cette communauté en
» cet endroit.

» M. Louis-Alphonse de Valbelle avait défendu à celui qui la
» porte de sortir sans ses ordres , de sorte que MM. de St-Bertin
» s'ennuyant d'attendre, envoyèrent savoir à quoi il tenait que la
» croix ne vînt les prendre ; il leur fut répondu , qu'il fallait avoir
» patience jusqu'à ce que le seigneur évesque l'ait ordonné. Ils
» attendirent donc , et le prélat s'étant établi dans la sacristie pen-
» dant le tems de cette petite dispute , envoya voir si M. l'abbé de
» St-Bertin était avec sa communauté dans quelque habillement, etc.

» Lorsqu'il fut instruit , il envoya deux ou trois chanoines suc-
» cessivement pour prier M. l'abbé de St-Bertin de faire *disparaître*
» *sa crosse et sa mitre* attendu qu'il n'avait pas le droit de la porter;
» cette politesse ayant été très-mal reçue par l'abbé , par ses re-
» ligieux , et par le tas de gens de robe qui étaient à la suite, on s'y
» prit d'une autre façon.

» L'appariteur de l'officialité fit signifier à M. l'abbé de faire dis-
» paraître sa crosse et sa mitre sous peine d'interdit et de suspense,
» lui signifiant en même tems, que de quart d'heure en quart d'heure,
» on lui ferait jusqu'à trois sommations. Elles furent faites de cette
» manière , et n'y ayant pas déféré, on lui signifia enfin son inter-
» dit et suspense de ses ordres et bénéfices.

» Tout cela fait, la croix eut ordre d'aller au-devant de MM. de
» St-Bertin , et la procession marcha ; l'abbé de St-Bertin , suivi
» de sa crosse et de sa mitre, fermant la procession.

» Dès le jour même *M. De Clairac* envoya son procès-verbal à la
» Cour ; M. l'évesque en couvint de son côté , comme firent aussi
» MM. de St-Bertin ; et cinq ou six jours après ordre vint à *M. De*
» *Clairac* d'empêcher l'abbé de St-Bertin de paraître en crosse et en
» mitre ès processions jusqu'à ce que le Roi eût jugé cette contesta-
» tion.

» L'abbé de St-Bertin , fort embarrassé de la contenance qu'il
» pourrait faire dans son abbaye, puisqu'il était interdit et sus-
» pens , prit le parti d'aller à Paris pour y solliciter une prompte
» expédition de son affaire. Mais comme toutes les affaires sont
» longues et difficiles , la mort vint le surprendre l'année suivante ,
» avant que son procès fut en état d'être jugé. Cette contestation,
» est jusqu'à ce jour demeurée dans le même état : » . . . . .

« Cette difficulté, ajoute le même auteur, ne fut pas la seule que
» cette année vît naître entre l'évêque et MM. de St-Bertin. Il se
» faisait tous les ans, le jour de St-Denis, une cérémonie à St-
» Bertin, fort ridicule, il est permis de se servir de ce terme, et
» fort désagréable pour les curés de leur patronât. Ils obligeaient
» ces MM. à aller chez eux pour recevoir de la main du célébrant
» une baguette, qui était le signe de la permission qu'il leur don-
» nait de confesser dans leurs églises et d'y absoudre des cas ré-
» servés. Les curés à la procession portaient aussi des flambeaux,
» qui dans les règles ordinaires devaient être portés par des enfans
» de chœur, et on les faisait dîner au réfectoire en surplis et bonnet
» carré, etc. »

« L'évêque de St-Omer sentant, d'après ce qui s'était passé à *la*
» *Fête-Dieu*, qu'il n'y avait plus rien à ménager avec ces MM.,
» envoya chercher les curés et ecclésiastiques de leur patronât,
» aussi bien que tous les supérieurs des communautés de la ville,
» et leur défendit, sous les plus grièves peines, d'aller à St-Bertin
» le jour de St-Denis, pour y recevoir de la main de celui qui offi-
» cierait la baguette blanche, ou même la permission de confesser ;
» les curés promirent avec joye de déférer à cet ordre, et ne se
» présentèrent point. De sorte que le célébrant ne donna la baguette
» blanche qu'à quelques religieux de St-Bertin qui étaient admis
» pour confesser dans le diocèse. Les autres fonctions humiliantes
» qu'on exigeait du clergé furent aussi supprimées, et n'ont plus
» eu lieu depuis ce tems là. (V. *Deneuv.* ut suprà.)

Les débats de 1704 n'étaient toutefois que la réproduction de ce qui
s'était passé en 1586 sous le Lillois *Jean Six*, et de même encore en
1626 sous le bourguignon *Boudot*. Cette fois aussi, ils avaient eu pour
mobile une procession, au milieu de laquelle une autre crosse et une
autre mître que celles de l'évêque avaient paru, et pour théâtre et
spectateurs les rues et le peuple de St-Omer.

La rivalité alors, comme précédemment et comme plus tard,
sourdait en mille tracasseries diverses.

Ainsi : c'était un autre jour, en 1626, une cloche de l'église de
Longuenesse, (dépendance de l'abbaye), qu'à la course et bientôt
pied à pied, l'évêque et l'abbé se disputaient le droit de bénir, et
le premier qui l'emportait à force de prestesse et de ténacité.

C'était ensuite ce même abbé (*Gilloc*) qui, pour se venger d'une
double mystification, imaginait de faire, en fraude des prérogatives
épiscopales, la visite des reliquaires et vases sacrés des trois paroisses de son patronât, et qui recevait à la porte de la première,

(celle de *Ste-Marguerite*), une troisième mystification que lui avait préparée *Boudot*, en donnant ordre aux curés de lui fermer leurs églises à son arrivée.

C'était lui alors qui, prenant vengeance de ce nouvel affront sur le malheureux curé de *Ste-Marguerite*, le vieux et vénérable *Doncre*, l'avait à quelques jours de là *fait appeler sous un prétexte spécieux à l'abbaye, et dès qu'il s'était trouvé en sa puissance, l'avait fait arrêter, constituer prisonnier, enfermer dans une chambre durant vingt-quatre heures, puis condamner par sentence de la communauté à offrir un cierge au très-St-Sacrement, et à réciter hautement un certain nombre de prières*, et ne lui avait enfin accordé *sa sortie, malgré ses protestations, qu'après entier accomplissement de la condamnation*.

Et c'était lui encore qui allait éprouver, en échange de sa conduite, une quatrième mystification lui ; *laquelle lui fut faite*, comme on va le voir, sans guères tarder et à la grande joie de tous les curés de son district, le jour de St-Marc 1627.

A ce jour en effet, l'abbé s'était rendu processionnellement avec son clergé à l'église *Ste-Marguelitte* pour y faire station. Or en semblable cas, il était d'usage qu'on allât recevoir et reconduire le visitant en cérémonie et cloches battantes, mais cette fois personne ne s'était trouvé là pour le recevoir, personne pour le reconduire ni lui faire honneur, personne non plus à *St-Jean*, ni à *St-Martin*, car ainsi l'avait ordonné *Boudot*; de cette manière chaque curé avait pu se venger d'une injure commune ; et le premier surtout, au désir de Boudot, le vieux curé de *Ste-Marguerite*. (V. *Deneuville*, p. 216, t. 3.)

Les plus malheureux toutefois, au milieu de ces petites guerres de passions, étaient les pauvres religieux mendians, constamment torturés et par la soumission qu'ils devaient à l'évêque, et par le besoin qu'ils avaient des charités de l'abbaye. Le devoir cette fois l'avait emporté, et ils avaient refusé d'assister aux processions de MM. de St-Bertin ; mais ceux-ci pour les en punir les avaient privés de toute part dans leurs *aumônes, même en chair et poisson*; et quand enfin un pauvre capucin, *touché des besoins de sa communauté*, vint se jeter aux genoux de l'abbé dans l'espoir d'adoucir son courroux et d'en obtenir quelques secours, il en fut repoussé, et n'eut pour réponse que ces dures paroles : *il faut vous traiter en rebelles.* (*Deneuv.*, ut suprà.)

Plus tard le réglement des processions fut arrêté entre les parties, et acté devant les notaires royaux *Roland* et *Ducrocq* (v. ms. de M. *de Givenchy*, 2 v. in-fol.); et l'on vit aussi dans les assemblées générales des états d'Artois, l'abbé de *St-Bertin* marchant, non-seulement après les évêques d'*Arras* et de *St-Omer*, mais encore après l'abbé de *St-Vast* (*voy. litt.* t. 2 , p. 72.)

(65) *Pour y chanter l'office.*

C'était là , comme on l'a vu (n° 45), une des prétentions principales de l'abbaye , qu'elle étayait sur la prétendue charte de *St-Folquin.* (V. *acta sanct.* 9 sept., t. 3. , *Deneuv.*, *vérit. de l'hist.* , *Collet*, ainsi que le concordat de 1586 passé par l'évêque Jean Six avec l'abbaye, et la critique qu'en a faite depuis, en 1754, un *Gradué de l'université de Douai* dans ses lettres *à un de ses amis habitant de St-Omer* , la 2° sur-tout en date du 5 nov.)

(66) *L'intérêt et la rivalité.*

Ce n'était pas seulement de communauté à communauté , d'église à église que la rivalité secouait les passions ; c'était au centre des couvens ou des châpitres qu'elle portait aussi la discorde ; et de même que la puissance des évêques de St-Omer avait été plus d'une fois en lutte , sous Louis *de Valbelle* sur-tout , avec les droits et prétentions de son chapître , (v. n. 23 *in med.*) de même et plus d'une fois à St-Bertin , l'autorité rivale du prieur et la licence des moines s'étaient insurgées contre la sévérité de leurs abbés.

Déjà dès 1119 l'abbé *Lambert* avait senti son pouvoir méconnu ; et malgré toute la prépondérance de sa position sociale , comme frère de la comtesse de Flandre *Clémence* , malgré son voyage à Rome , sa retraite à *Cluny* pour s'y mieux instruire de la *règle de St-Benoît*, malgré le secours enfin de deux moines qu'il en avait ramenés à cet effet, ce n'avait été qu'à grande peine encore qu'il avait pu soumettre son couvent à l'observance entière de ses devoirs. (v. *Ypér.*)

Plus tard l'insubordination se réveilla ; puis elle grandit, et avec elle aussi la licence des mœurs ; et ainsi successivement la tolérance devint pour les abbés une nécessité de position.

Parmi les divers exemples , que nous en peut offrir l'histoire de St-Bertin , rappelons ici comme un des faits les plus anciens , s'il n'est en même tems un des plus curieux , ce qui se passa , vers 1274, sous *Jean Dubois IV.* Cet abbé , (le 52° de nombre), natif de St-Omer , élevé pour ainsi dire en ce monastère , tant il y était jeune entré , *fort zéleux* au demeurant *pour l'observance régulière*, avait eu singulierement à souffrir de l'insubordination de ses moines, à la tête desquels s'était placé le Prieur ; et comme il assistait , en

1274 , au concile de Lyon , (où se trouvaient avec lui 70 abbés, 500 évêques , et plus de mille députés de chapitres) il en porta plainte au pape *Grégoire X* , qui lui envoya pour remettre les choses *en paix et arrangement , et punir les rebelles , trois commis apostoliques , savoir : M. de Brias , archidiacre de Paris , le prieur des Dominicains Dupin* , et un troisième dont le nom n'a point été rapporté.

L'affaire fut par eux examinée ; et les moines furent *châtiés , le prieur démis* , les officiers *dépossédés* de leurs fonctions , et les biens du monastère divisés en cinq parts , dont l'une fut assignée à l'abbé *pour son plat* , et les autres confiées pour six ans à l'administration de quatre officiers , créés à cet effet , répartis comme il suit, et dont la gestion insubordonnée, sans accord, força de dégoût l'abbé à quitter le monastère.

Voici au surplus, d'après les historiens de l'abbaye et *Deneuville* (t. 3.) dont nous copions le texte , comment furent distribuées ces charges , et ce qu'il advint de cet arrangement :

« Le premier officier était de la garde , auquel était annexé celui
» du procureur qui tenait les biens de *Rousselat* , de *Cokelart,*
» *Warnethon,* et quelque chose encore de la dépendance de *Merkem*
» et de *Calais.* Le second était le grénetier , à qui était assigné le
» territoire de *Bourbourg* , *Quelmes* , *Acquin* , et autres terres.
» Le troisième était le dépensier , qui avait soin de la cuisine , il
» avait *Arcques* et toutes ses dépendances pour sa portion. Le
» quatrième était le cellérier , ou hospitalier , qui avait soin du vin
» du foin , et des lits , et aussi de tout ce qui est nécessaire pour
» les hôtes , et avait à cette fin tout le reste des biens du monastère
» à sa charge. Et cela n'était établi que pour six ans , pendant les-
» quels tout alla fort mal , parce que ces officiers ne voulaient dé-
» pendre de personne , non pas même de l'abbé ; soutenant qu'ils
» étaient établis par le Pape aussi bien que lui , et ne voulant non
» plus s'entendre ensemble. C'est pourquoi à la fin des six années ,
» comme ils devaient remettre le gouvernement entre les mains de
» l'abbé comme auparavant , ils ne voulurent s'en défaire ; c'est
» pourquoi *Jean Dubois* se détermina à renoncer à sa prélature ,
» et à la remettre entre les mains d'*Henry Desmures* , évesque de
» *Térouane* ; et se retira dans une maison nommée *Manckbeure* ,
» qu'il prit pour sa pension , avec ses appartemens et dépendances,
» l'an 1278 , ayant gouverné sept ans ; il ne vescut que trois ans
» après , et fut enterré dans un cercueil de marbre en la chapelle
» de St-Sébastien de l'abbaye » (V. *Deneuv,* 3 , et *voy. littér.
des 2 bénéd.* , t 1 , p. 184.)

A ces désordres d'insubordination se mêlèrent également , à diverses époques de l'abbaye , des désordres d'une autre nature , et bien moins tolérables sur-tout que cet usage avoué de *Valentins et Valentines* , que l'on voyait subsister encore vers la fin du dernier siècle entre les religieux et religieuses de deux communautés voisines de cette abbaye , savoir : les moines de *Clairmarais* et les dames de *Wostine* ou *Hostine*.

Cet usage avait pour objet des rapports spirituels entre un moine et une religieuse qui s'étaient choisis à cet effet. On s'écrivait pour consulter ou donner des conseils , et en merci du service la jeune ou vieille *Valentine* , (au dire d'un témoin digne de foi) , envoyait à son *Valentin* quelques petits cadeaux , voire sur-tout force doucereuses confitures.

Mais ces mœurs d'abbaye n'étaient point , à ce qu'il paraît, celles du chapître de Notre-Dame. Là du moins les apparences y furent plus soigneusement sauvées , s'il y fut par fois des fautes privées , ou quelques désordres à reprocher.

(67) *Comme elle constituée en magasin.*

Cette église de St-Bertin, après avoir échappé d'abord au sequestre, fut en 1791 érigée en paroisse , puis supprimée avec le culte en 1792 , et alors entièrement dévastée , dépouillée même de son immense *Védastine*, cloche fondue en 1585, du poids de 30,000 livres, et qu'il fallut briser par morceaux pour la descendre. Son édifice toutefois resta jusqu'au 18 fructidor an V , à l'abri des *acquéreurs d'églises* , par les soins du général *Carnot-Feulin* , directeur alors des fortifications de la place, et qui en fit un magasin d'ustensiles de siége. Mais le 18 mars 1799 il fut vendu, moyennant 120,000 francs (numéraire), au Sieur *St-Remy-Carette*, qui se hata de lui enlever ses plombs , ses fers , ses bois ; et de tous ces produits doublant , dit-on, le prix de son achat , laissa la carcasse et les matériaux à la ville, pour en payer au besoin les frais de démolition. (V. *arch.* de la ville , *Not. hist. et stat.* de *St-Omer* par le gén. *Wallongue* , *Collet* p. 68 , M. *Piers* art. sur les ruines de St-Bertin, p. 154 etc. , et de plus *voy. littér.* t. 2 , p. 83 et suiv.)

(68) *Calice d'or massif.*

Deux bénédictins sortis de leur retraite , et allant par la France, en pélerins de la science , chercher ample moisson de documens pour les ajouter à de grands travaux déjà produits , (*) ou entrepris

____

(*) *Gallia Christiana.*

(*) ; et racontant à leur retour toutes les particularités de leur curieuse mission, tels furent les auteurs (**) et le sujet du *voyage littéraire de deux religieux de St-Maur*. Or on lit dans cet ouvrage, (t. 1 , p. 183), que ce *qui leur fit le plus de plaisir*, en visitant l'église de Notre-Dame , *fut de voir dans le trésor le calice de St-Omer*. « Puis ils continuent : *il est d'or massif; il a plus » d'un pied d'hauteur. La coupe qui a des anses a plus d'un » demi pied de profondeur et presqu'autant de diamètre. Il fallait » des calices de cette grandeur pour suffire à la communion des » fidèles. La patène aussi d'or a plus d'un pied de diamètre : il y » a au milieu un agneau représenté avec un A et U.* »

Ces calices des premiers évêques du christianisme étaient pour les églises un objet du plus haut prix et que chacune souvent prétendait posséder. Ainsi les nobles chanoinesses de *Bourbourg* avaient montré aux deux bénédictins *le calice de St-Thomas de Cantorbéry* , et l'abbaye de *St-Vaast* également un calice qu'elle disait venir du même évêque (v. *voy. litt.*, t. 1 , p. 67 , et 2 p. 187.)

(69) *A l'aspect de sinistres présages.*

Ainsi , en 958 une croix de sang avait apparu sur les vêtemens d'un grand nombre de bourgeois , et l'affliction la plus profonde s'était emparée de la ville. Mais aussitôt on exposa la châsse du patron , on récita autour d'elle des prières publiques , puis on la promena processionnellement par les rues, et bientôt les présages sinistes disparurent , le calme revint dans les esprits , le miracle fut opéré ; et en commémoration du fait fut plantée , au haut de la rue de *St-Bertin* une croix monumentale qui subsistait encore avant la révolution , et avait donné à cette partie de la rue, où elle était élevée, le nom de *la belle croix*. (V. *Deneuv.* p. 346, *Malbr.* 1, et MM. *Collet* et *Piers*.)

On raconte encore, qu'en 950, cette châsse fut portée à Nimégues pour y revendiquer utilement, au profit de son église, certains biens dont *l'Empereur* s'était injustement emparé. (*Deneuv.* id. p. 45 , et *Malbr.* 1.)

(70) *Dispersés , roulés dans la fange.*

C'est à la municipalité de *Morin la Montagne* (nom de St-Omer durant la révolution), laquelle alors se tenait dans l'ancien hôtel de

---

(*) *Novus thesaurus anecdotorum.*
(**) Martine *et* Durand.

la comtesse de Fruges (aujourd'hui de M. *de Sandelin*) , que la
châsse et le mobilier de Notre-Dame furent transportés et vendus ;
et c'est dans la cour, ou dans la rue, que furent jetés et dispersés ces
ossemens de St-Omer. (n° de M. *Deron.*)

(71) *Le chef seul du Saint Apôtre.*

Lors de la dévastation de Notre-Dame, un Sieur *Thomas*, gardien
de cette église , sçut adroitement soustraire de sa riche enveloppe
le chef de St-Omer avec ses authentiques, et après les avoir renfermés dans un vieux buste de pape , il les alla cacher sur la voûte
de l'édifice. Malheureusement une seconde perquisition fit décou-
vrir ce buste, et il fut vendu à l'encan avec le reste du mobilier. Un
Sieur *Rolland*, horloger, s'en rendit acquéreur ; emporta son pape
(sans savoir toutefois ce que contenait cette enveloppe) , et , par
réminiscence de son ancien patron , changeant sa tiarrhe en mitre ,
le convertit en évêque, avec cette inscription : *St-Omer*.

Plus tard , à l'ouverture des églises , de celle de St-Sepulchre
d'abord , l'évêque constitutionnel *Asselin* voulant faire une procession , et se trouvant sans ostensoir de Saint , emprunta le buste de
Rolland ; mais comme on travaillait à le fixer sur un brancard , et
qu'à cet effet on perçait la planche de dessous pour y poser la
fiche qui l'y devait retenir , on s'aperçut qu'il n'était point vide ,
et par suite on découvrit le chef et les authentiques de St-Omer.

Rolland , informé de l'aventure , voulut ravoir son buste avec ce
qu'il contenait ; *Asselin* de son côté prétendit avoir droit sur la relique , et refusa de la rendre. Bientôt il en fallut venir à des voies judi
ciaires , et comme il était dans la destinée de ces restes vénérés ,
d'être , en partie quelconque, un perpétuel sujet de convoitise et de
débats , un procès nouveau s'entama cette fois devant le juge de
paix *Dourlens*. Cependant l'évêque céda ; et *Rolland* emporta son
buste , qu'il alla soigneusement cacher dans sa chambre jusqu'au
retour du clergé déporté.

En 1803, *Rolland* fit offre de sa relique à l'église de Notre-Dame.
Alors au jour marqué pour la cérémonie l'image du saint patron fut
exposé sur un autel devant la demeure de l'horloger (*rue Haute du
Commandant*), et le clergé, son grand doyen en tête , vint avec
pompe et nombreux concours de fidèles , chercher ce pieux trésor
que quatre prêtres reportèrent sur un brancard jusque dans l'église
où , après l'avoir déposé sur un autel, qu'on y avait également élevé
pour le recevoir dans la nef principale , un discours fut immédiatement prononcé par M. *Deron* , vicaire alors encore sous le vénérable M. *Coyec* , auquel il a depuis si dignement succédé.

Ce discours , (que nous tenons , ainsi que ces renseignemens, de l'auteur lui-même) , avait pour texte ce passage de l'Ecriture , où l'arche sainte , conservée en la demeure *d'Obédedom* , est de là transportée solennellement dans le tabernacle que David lui avait préparé (*) ; et ces chants , ces transports de pieuse alégresse , dont le peuple de St-Omer accompagnait la translation du chef de son apôtre , depuis la demeure du nouvel *Obédedom* jusque dans le sanctuaire de l'église Notre-Dame , c'était pour lui la voix des lévites , c'étaient les cantiques d'actions de grâce qui retentissaient jadis autour de l'arche sainte , qu'il croyait entendre encore ..... ingénieuse allusion, que relevaient ici sur-tout certaine chaleur et une élégante simplicité de style !

M. *Deron* ne pouvait éviter en cette occasion de retracer l'histoire de St-Omer , de son église ; et nous sommes heureux de nous être avec lui rencontré en concordance entière sur la plupart des faits par nous exposés au commencement de cet opuscule. (V. nᵒˢ 13, 14 , 19 et 25.)

Déjà,depuis la rédaction de cette note, ce grand doyen n'est plus. Mais il restera pour mémoire de ses hautes vertus , un souvenir de vénération , un monument de deuil au centre de son église ; et l'on y pourra lire de lui, comme de ces deux chanoines dont nous avons rappelé l'épitaphe (nᵒ 35) : *præclaris ingenii dotibus illustris , animi virtutibus illustrior, omnium et amorem sic et venerationem meruit ; heu ! nimis citò , ingenti luctu ereptus.*

(72) *Curieux cénotaphe.*

Au milieu de l'église Notre-Dame , sous l'une des arcades gothiques de la nef principale , est un tombeau que la piété des fidèles et la curiosité publique entourent d'un profond respect : c'est celui de St-Omer.

Formé en apparence d'une seule et énorme pierre, mais en réalité de plusieurs larges pierres jaunâtres artistement jointes , ce monument offre un parallélogramme régulier d'environ 10 pieds et 1⁄2 de longueur , sur 4 de hauteur , et 3 1⁄2 de profondeur.

Laissé à creux en dedans comme un caveau, il se découvre à l'intérieur par trois ouvertures triangulairement opposées, assez grandes toutefois pour qu'un homme s'y puisse facilement introduire , et dont la destination aurait été , d'après certaines conjectures , soit

(*) *Intraduxerunt arcam domini et impostuerun eam in loco suo , in medio tabernaculi quod tetenderat ei* David (2 reg. c. 17.)

de fournir entrée aux malades ou infirmes que l'on y portait dévo-
tement en espoir de guérison , soit de faciliter le placement de
saintes reliques que l'on y exposait, durant les jours de fête , à l'ouverture principale et la plus large du caveau.

A l'extérieur , et sur chacune des faces allongées du tombeau ,
est tracé dans la pierre l'encadrement d'un parallélogramme plus
resserré , et qui se divise en sept légers arceaux. Ceux-ci découpés
chacun en petits arcs de cercle retombent sur huit colonnes, gar-
nies à leur fût de quelques feuilles de lierre, posées à distances
égales , et dont l'uniformité symétrique n'est rompue que par l'arcade du milieu que l'on a quelque peu plus ouverte en largeur.

Sous ses arceaux dentelés , et à la face principale se dessinent en
reliefs six tableaux représentant divers miracles de l'illustre apôtre
des Morins.

C'est , dans les trois premiers panneaux, l'histoire d'un jeune
serviteur de St-Omer, miraculeusement sauvé du péril où l'avait jeté
sa désobéissance , et que l'on voit d'abord près du lit où son patron
s'est venu reposer à l'heure de midi, sollicitant la permission d'aller
au port se distraire et se promener sur l'eau , (car ils étaient pour
lors au *Gessoriacum*), puis embarqué malgré formelle inhibition ,
poussé bientôt en pleine mer par la violence des flots , emporté
dit-on, avec son frêle esquif jusque sur quelques côtes opposées et là,
au milieu de ses angoisses, de ses invocations réitérées à son auguste
maître , merveilleusement secouru par un vent favorable qui , souf-
flant dans ses vêtements comme dans une voile , le reporte à l'embouchure de la *Helne*, (la *Liane*), d'où il était parti; puis enfin de
retour et , prosterné d'un air contrit aux pieds du saint prélat, obtenant de lui pardon et bénédiction. (V. *Malbr.* t. 1 , p. 533 *manuscrit* de la bibl. n° 698, *Deneuv.* t. 1ᵉʳ, et *acta sanct.* 9 sept. 3 v.)

C'est dans les trois derniers panneaux , l'histoire d'un baptême
miraculeux : une fontaine qui tout à coup jaillit sous le bâton pas-
toral du pieux évêque au milieu de l'église de *Kernes* (près d'Aire) ,
un aveugle nouveau né que la vertu du baptême ouvre à la lumière ,
et à côté la nourrice qui apporte l'enfant , et à sa suite le père qui
accourt supplier *Omer* de guérir et baptiser son fils , et qui plus
tard, en action de grâces et merci du miracle, lui fait don de tout son
domaine de *Kernes*. (V. ut suprà , et n° 14.)

Au centre de ces bas reliefs est placée cette ouverture principale
dont nous avons ci-dessus parlé , ce septième arceau plus large , et
qu'à cet effet l'on avait taillé à fond. Aux deux extrémités de l'encadrement opposé se trouvent ces deux autres ouvertures formées

également de deux arceaux vidés , et correspondant avec la première comme les pointes d'un triangle.

On racontait jadis qu'en appliquant l'oreille contre l'une de ces ouvertures, on ouïssait le bruit des vagues de la mer ; et l'on venait écouter , et l'on recueillait un léger murmure , et la foi, qui se plaît aux choses surnaturelles , répétait sans examen qu'elle avait entendu le bruit de la mer , et l'on écoutait de nouveau , et un plus grand nombre venait écouter aussi, et tous avaient entendu le bruit des vagues... et ainsi s'était formée cette vieille tradition.... Au demeurant ce léger murmure n'était autre le plus souvent que le faible son rendu par le choc de deux courants d'air , qui frappaient en passant les parois internes du caveau , ou par fois encore l'écho des sons perdus sous les vastes nefs de l'église.

Sur le plan supérieur du tombeau est posée la statue de St-Omer , étendue comme sur un lit de parade , revêtue de ses ornemens épiscopaux , et surmontée d'un dais garni de tours et de créneaux sculptés avec art , que supportent deux minces colonnes , ornées à leur sommet de quelques feuilles d'acanthe et de vigne , et qui s'allongent jusques aux pieds de la statue , pour lui servir d'encadrement.

Plus bas enfin , à la face principale et au-dessus des bas reliefs, on lit , en gros caractères peints , ces mots *sepulcrum gloriosum B. P. Audomari*. Cette inscription moderne parait toutefois n'avoir été tracée vers la fin du dernier siècle , que pour écarter désormais une erreur , qui pendant quelque tems avait fait regarder ce tombeau comme celui de *St-Archambaud* (V. *Gazet* et n° 36) ; et cette erreur,il en faut convenir a droit d'étonner,quand on réfléchit sur-tout, que *St-Archambaud* avait été, comme *St-Omer*,enterré dans l'église Notre-Dame , que sa tombe y avait un culte particulier , et une forme d'ailleurs si différente du cénotaphe de *St-Omer* , qu'il suffisait de les avoir vus un instant en regard pour ne les plus confondre.

Mais ce tombeau de St-Omer, que d'après son genre de sculpture, on ne peut guères reporter, selon nous, au-delà du 13ᵉ siècle, serait-il vrai , comme l'ont répété de nos jours MM. *Collet* , *Hédouin* et *Piers* , qu'il soit venu de la cathédrale de Térouane avec les trois figures colossales ci-dessus mentionnées.

Le seul argument , à défaut d'autorité formelle , qui put étayer cette opinion, résulterait ici de la permission accordée par Charles-Quint au chapître de Notre-Dame, d'enlever de cette cathédrale les monumens qu'elle renfermait,et du peu de probabilité par suite qu'on y eut laissé le cénotaphe du patron. Mais ce ne serait là résoudre encore la question que par la question : car avant tout, il faudrait prouver

du moins qu'un semblable monument se trouvait jadis à Térouane ,
et lors du sac de cette ville ; ce que repousserait formellement, s'il
avait appui d'auteurs , ce récit *des noces de St-Omer* , dont nous
avons précédemment parlé , et qui nous montre le 11 février 1489.
« Ce tombeau éclairé par la vive lumière d'une lampe ardente
» qu'on avait, *selon l'ancien usage* rallumée au-dessus. » (V. n° 41.)

Resteraient à l'argumentation , il est vrai, certains rapports de
sculpture et de nature de pierre entre ce tombeau et les pavés simboliques de l'église, ou le grouppe du grand Dieu de Térouane.
Mais , si le cénotaphe offre aussi même similitude avec la pierre des
colonnes de Notre-Dame , avec la pierre et la sculpture de plusieurs
monumens indigènes , avec les figures entr'autres du portail du
midi ; s'il n'est rien moins qu'incertain d'autre part , que ces pavés
simboliques aient jamais appartenu à la cathédrale de Térouane
(n° 34) ; si d'ailleurs la distance rapprochée des deux villes leur
donnait facilité de se procurer également les mêmes matériaux , les
mêmes ouvriers , de produire par conséquent des ouvrages de même
style , de même nature ; s'il est évident enfin qu'il y a différence de
travail entre les monumens comparés , et que le cénotaphe de St-
Omer est l'œuvre d'un ciseau plus habile, n'en conclura-t-on pas
dès-lors que l'argumentation en ce point manquerait complètement
de base. Et si nous considérons ensuite que la vraisemblance des
choses place plus naturellement l'érection et la conservation du
tombeau d'un saint personnage dans le lieu même où il a laissé sa dépouille mortelle , son nom , le patronage de ses vertus ; que dire
alors de l'opinion contraire, elle sans autorités positives , alors
cependant qu'elle a tout à prouver? Pour nous, et jusqu'à conviction
d'erreur , nous croirons que ce monument a été érigé à St-Omer ,
et par des ouvriers même de la cité ; car pour lors elle était déjà
grande et belle de murs , de tours , et de hauts clochers , et déjà
s'étaient sculptées aussi plus d'une tombe , plus d'un riche monument à son abbaye de St-Bertin.

(73) *Un simulacre de l'ancienne.*

Ce simulacre de l'ancienne châsse en contient deux autres qui
renferment, l'une des reliques de *St-Folquin*, l'autre de gigantes-
ques ossemens de *St-Sylvin*; et ces restes reposaient, avant la révolution, dans deux châsses séparées et placées à chaque côté du maître
autel de l'église de St-Bertin. (N. de M. *Deron.*)

(74) *Au milieu de son île.*

On sait que cette abbaye, élevée au milieu des eaux, avait conserve, malgré d'immenses travaux d'élévation , et des attérissemens successifs, un large fossé d'enceinte formé de diverses sections de la rivière *d'Aa* sur lesquelles on avait jeté des voûtes de communication , et qu'elle avait été long-tems appelée *Monastère de Sithiu-en-l'Isle*. Plus d'une fois aussi elle fut qualifiée de *forteresse* par quelques écrivains : ainsi ils ont raconté du neveu de *Charles Canut* (v. n°. 49), qui s'était *emparé de la comté de Flandres* , que *Guillaume , soutenu par Louis Legros, l'avait forcé dans sa forteresse de St-Bertin* et obligé de renoncer à ses droits moyennant une somme que lui avait *baillée la ville de St-Omer pour retourner chez lui*. (*Deneuv*. t. 1.).

(75) *Des débris de vêtemens et d'armures.*

Les tombes de cette église furent plus d'une fois ouvertes et fouillées. Elles le furent en 1793, et depuis en 1816, 1819, 1820 et 1830. C'était uniquement de nos jours pour extraire des matériaux ; et l'on vit jeter alors confusément avec les décombres, des ossemens, quelques vieux fers d'armures , des restes de vêtemens à demi pourris , et entr'autres des lambeaux de robes, des gants assez bien conservés encore pour avoir pu , sans grande altération , passer en de nombreuses mains. Mais il était sur-tout sorti de ces tombes un jour, soit en 1793 , soit plus récemment , une épée vraiment curieuse , et qui depuis a été déposée par son possesseur (M. *de Hoston*) au Musée de St-Omer , sous le qualification d'épée de *Baudouin VII* ou *Hapthin*.

Ce comte de Flandre , comme on l'a vu (n° 49) , avait été inhumé dans cette église, mais, comme un autre *Baudouin*, en habit de religieux. Serait-ce cependant qu'à côté du froc du jeune moine, on ait aussi déposé les insignes du guerrier ? L'histoire n'en dit mot : la règle primitive du monastère semblait même y mettre obstacle ; le fait toutefois ne paraîtra point impossible , si l'on réfléchit que c'était en même tems un comte de Flandre , guerrier , bienfaiteur de l'abbaye , que l'on y enterrait. Mais avant tout et comme condition première , est-ce donc de sa tombe qu'est véritablement sortie cette épée , et a-t-on preuve qu'elle lui ait jadis appartenu ? Non , jusqu'aujourd'hui ; elle est venue des ruines de St-Bertin,.... ce peut être d'une tombe , de celle de Baudouin... on l'a dit, répété,... voilà tout : il n'est au-delà d'autre document que l'arme elle-même , et à la voir en son état de conservation , en sa forme sur-tout , on ne peut se dissimuler que le résultat de cet examen ne repousse semblable attribution d'origine.

On sait en effet que jusqu'au 15° siècle , et tant que l'on porta le

gantelet de fer , l'épée n'eut d'autre garniture que la simple croisée.
(V. *Montfaucon* , mon. franc. 16ᵉ. S. , *Daniel* , mil. franc., t. 1 ,
p. 415, *Carré* , en sa panoplie , p. 228 et 237). C'est ainsi que tout
récemment (en 1831), la Société de Besançon nous montrait dans ses
mémoires une épée du tems de Charles VII avec simple garde en
forme d'S ; c'est ainsi que récemment encore M. *Alex. Lenoir*
attribuait au 16ᵉ siècle une épée avec garde , ayant longueur d'un
demi espadon , lourd et fort pommeau , et qu'on avait retrouvée au
bord de la Seine en creusant un aqueduc. (V. *conserv. des b. arts* ,
15 nov. 1829 , p. 309.); c'est ainsi enfin que dans les divers
portraits de Baudouin VII on a dessiné son épée, et qu'on a retrouvé
également sur les tombes , dans les sceaux des différents comtes de
Flandre , et l'arme de Guillaume de Normandie , et celles aussi de
tous ses devanciers (v. *Oliv. Devrée*). Or , cela posé, si nous
examinons maintenant cette épée attribuée à Baudouin , son
lourd pommeau , sa lame courte d'environ deux pieds , effilée et
trop faible pour entamer les épaisses armures de nos anciens
preux , si nous examinons sur-tout cette garniture de fer placée à
quelques pouces au-dessus de la croisée du pommeau , et qui ne
peut avoir autre destination que de protéger la main, de lui servir de
garde , nous en devrons conclure nécessairement que cette arme ne
peut avoir été celle de Baudouin , et même encore qu'elle lui est de
trois siècles au moins postérieure.

Cependant, ses restes de dorure, le soigné du travail, le lieu sur-
tout où elle fut trouvée, donnent à présumer qu'elle a jadis appartenu
à quelque guerrier de distinction. Mais à qui l'attribuer dès-lors ?
Sera-ce à *Jean de Croy* , ou bien à son fils *Archambaud* , tué
comme lui à la bataille d'Azincourt , et dont les tombes reposaient
autrefois au fond de l'église de St-Bertin , dans la chapelle dite de
l'abbé ? Ces tombes , il est vrai , n'étaient plus intactes , quand en
1831 le zèle d'une commission éclairée fouillait le sol dans l'intérêt
des arts , mais il fut là tant d'assauts qu'à ne retrouver qu'une arme
sortie de ce lieu, il est presque impossible de désigner la tombe qui l'a
pu produire ; et d'ailleurs telle est encore sa forme qu'il est difficile
d'admettre qu'elle ait servi jamais à quelque combattant d'Azincourt,
l'époque en paraît également trop éloignée , et mieux vaudrait , selon nous , en attribuer l'origine à l'un de ces trois espagnols , tués
en 1558 à la bataille de Gravelines , enterrés également à St-Bertin ,
et dont, au rapport du grand cartulaire de cette abbaye, (t. 8 , p.
419) *on voyait alors* (c'est à dire en 1787) *l'épitaphe dans cette
église*. Ce n'est là , au demeurant encore , qu'une supposition plus
ou moins étayée de vraisemblance , et sur laquelle nous n'insistons
pas autrement. On sait combien d'erreurs de ce genre se sont glissées

dans les musées , et combien d'objets ou d'armures ont été attribués à des personnages de date évidemment antérieure. Aussi le style de nos antiquaires est-il aujourd'hui beaucoup moins affirmatif; et la commission du Musée de St-Omer , par une sage réserve , n'a-elle-t-indiqué cette arme que sous la qualification *d'épée attribuée à Baudouin VII.*

(76) *Léon X.*

Jean de Médicis, (depuis *Léon X*), visitant en 1506 la dernière église de St-Bertin qui s'achevait alors sous *Antoine de Berghes,* avait exprimé, selon ce qu'en rapporte M. *Piers* (p. 100), une véritable admiration pour ce bel édifice , si digne *de sa vaste renommée , et qu'il prédit alors devoir vivre long-tems* comme *un de ces grands monumens* qui *perpétuent les grands événemens,* et dont le *nom appartient à tout le monde.*

Qu'eût-il donc pensé de ce magnifique et gigantesque monument de l'*Abbé d'or,* resté malheureusement inachevé, et qu'il fallut bientôt détruire, faute de fonds, pour en restreindre les limites aux proportions de cette huitième et dernière église dont nous venons de parler? (V. *Malbr.* t. 2, et *Deneuv.*, t. 1, p. 158.)

(77) *Des portions de peuples vaincus.*

Nous entendons parler ici de ces Saxons que Charlemagne avait décimés pour les enlever à la révolte , et qu'il avait transportés sur divers points de la Gaule-Belgique, entr'autres : vers *Dunkerque, Bailleul, au Catsberg* (que l'on a vulgairement traduit par le *Mont des chats,* mais mieux , d'après quelques auteurs, par le *Mont des Cattes,* ancien peuple en effet de la Saxe), et encore sur quelques parties du faubourg de St-Omer, sur les hauteurs de *Waten,* et des marais de l'*Isel,* selon du moins les diverses opinions émises sur l'origine de ces habitans. (V. *Vales.* Notit. Gallor., p. 315 , *Gazet* hist. ecc., *Meyer* ann. belg. etc.)

Quant à ce fait, que Charlemagne aurait donné à l'église de St-Bertin une croix, formée même, d'après certains auteurs, d'une portion *de la vraie croix* (V. *voy. littér.*, t. 2), il est non contesté, et a pour appui, entr'autres témoignages, celui d'*Eginhard* , (*vita Car. Mag.*), comme aussi ceux de *Malbrancq, Deneuville, Ypérius, des Bollandistes et Bénédictins de St-Maur.* (act. sanct. 3, et *Voy. litt.* 2, 184). Il en est de même de cette tombe du dernier roi des Mérovingiens : tous les historiens de France nous rappèlent que Childéric III fut rasé, reclus et enterré dans ce monastère. (V. *Hénault, Mézerai, Vely,* et aussi *Malbr., Ypér.,* etc.)

(78) *Pour une autre expédition de la Grande-Bretagne.*

Bonaparte visitant cet édifice vers 1804, et avant qu'il ne fut encore détruit, avait manifesté le projet d'y placer un établissement de marine. C'est dans le faubourg du *Haut-Pont* qu'il fit construire une partie de ses bâteaux plats destinés à son expédition sur l'Angleterre. *La ghyère,* (promenade plantée de ce faubourg), était alors le chantier de construction, comme l'avaient été sans doute, au tems de César, les bords du golfe de Sitiu. (V. n° 4 et M. *Piers,* p. 156.)

(79) *Vieille tour de Watten.*

Sur la pointe de ce mont assez élevé, et au lieu même où vivait jadis un saint anachorette, une chapelle fut bâtie en l'honneur de *St-Riquier,* puis sur cette chapelle, en 1074, une église dédiée encore à *St-Ricquier* ainsi *qu'à St-Nicolas* et *St-Gilles ,* et à côté une prévôté, composée de chanoines réguliers de l'ordre de St-Benoît, (v. bulle de Grégoire VII), *à la tête de laquelle fut mis un dévot homme d'église, nommé Olfride , lequel auparavant menait vie sainte et religieuse sur le dict mont de Watene.* Les fondateurs en furent *un riche homme* de Flandre, *nommé Adam , et sa femme; et ceci se faisait au tems de Robert-le-Frison, et de Drogo, évéque de Térouane* vers 1072. (V. *Gazet,* hist., p. 29., et *Yper.* p. 584.)

En ce lieu fut inhumé *Thiéry d'Alsace* avec cette épitaphe : « *hic jacet sepultus dominus Théodoricus ab Elsatia comes Flandriæ, qui quatuor vicibus terram sanctam visitavit et indè rediens sanguinem domini nostri Jesu Xti. detulit et villæ Brugensi tradidit, postquàm Flandriam annis* 40 *strenuè rexerat apud Gravelingas obiit anno Dñi MCLXVIII.* »

Cette prévôté peu distante de St-Omer fut plus tard, en 1559, réunie à l'évêché de cette ville (v. n°. 25). Aujourd'hui elle n'offre plus, en grande partie, que des ruines , au milieu desquelles cependant on a rajusté d'abord un pensionnat, puis une maison de campagne , appuyée au nord à quelques restes de son église et à sa tour carrée, bâtie de pierres blanches, qui domine le pays et sert aux marins de point de reconnaissance sur mer. (V. *Malbr.* t. 1, *Deneuv.* t. 1, et *voy. littér.* t. 2.)

(80) *Tel était le tableau !*

Nous renvoyons pour l'appréciation des richesses que ces fouilles avaient mises à jour, aux curieux dessins de M. *Wallet*, ainsi qu'au Musée de St-Omer.

Quant à nos regrets sur ces ruines, nous les appuyerions, s'il était nécessaire, de ces vertes pensées qu'exprimait tout récemment un Juvenal moderne, (l'auteur *de la curée*), sur la destruction des monumens :

> Les temples quels qu'ils soient sont les âmes des villes;
> Sans eux toute cité n'a que des pierres viles;
> Du foyer domestique, et du corps des vieillards,
> Les monumens sacrés sont les derniers remparts;
> Puis lorsque sur la terre ils penchent en ruines,
> Leurs ruines encor sont des choses divines;
> Ce sont des prêtres saints que l'âge use toujours,
> Mais qu'il faut honorer jusqu'à leurs derniers jours.

(Aug. Lebarbier, il pianto)

Nous y ajouterions ensuite (sans entendre toutefois certifier l'exactitude du fait articulé) ces virulens reproches, que dans sa lettre à *Victor Hugo, sur le vandalisme des monumens*, M. *Montalembert* lançait, avec une sorte de colère, contre les auteurs de la démolition St-Bertin : « tout le monde, dit il, a entendu parler de la destruc-
» de l'abbaye de St-Bertin à St-Omer, crime qui a eu quelque re-
» tentissement en France, grâces à M. Vitet. Mais ce qu'on ne sait
» pas généralement, et ce qui m'a été affirmé par d'honorables ha-
» bitans de St-Omer, c'est que cette destruction a été sur-tout moti-
» vée par l'ombre que projetaient ces majestueuses ruines sur les
» tulipes du jardin d'un des principaux fonctionnaires municipaux.
» *Ote-toi de mon soleil*, leur a dit ce Diogène d'une façon nouvelle,
» et l'abbaye a disparu. »

Ce fait, il est vrai, nous a été plus d'une fois aussi répété dans St-Omer, voire même avec indication d'auteur; mais, en l'admettant pour exact, les conséquences qu'on en tire sont ici trop absolues. Il ne peut certes avoir trait aux démolitions antérieures; et ce pâté de briques (ou *abattoir*), dont on a si malheureusement masqué l'entrée principale de l'église, ne rappèle que trop une autre cause de destruction et de pénibles souvenirs. Disons toutefois, et bien qu'en ait pu croire M. Vitet, qu'il était pour ces ruines d'assez nombreuses simpathies dans la ville, mais isolées la plupart et trop timides sur-tout.

(81) *De l'Angleterre, de la France.*

On sait avec quel soin religieux l'Angleterre entretient jusques à ses moindres ruines. La France de son côté, paraît s'être enfin réveillée du milieu de quelques vieux décrets conservateurs sur les musées (*); et sa sollicitude aussi a lancé des vaisseaux vers la Grèce, l'Egypte, et distribué sur son territoire des fonds, des inspecteurs. A-t-elle en ce point réussi ? Jusqu'aujourd'hui il est permis encore d'en douter; l'expérience du moins n'a point encore parlé. Mais, selon nous, ce qui peut le plus utilement répondre aux vues du gouvernement, ce sont les encouragemens donnés aux sociétés archéologiques de province, afin d'en développer le nombre et en faciliter les travaux. Là du moins les faits sont pris à leur véritable source, et non, comme il n'arrive que trop souvent, d'une manière fugitive ou erronée par un étranger, inspecteur ou non, qui n'a ni le tems, ni l'occasion de les bien recueillir.

Ce n'est pas que nous entendions ici méconnaître l'utilité des fonctions d'inspecteurs; nous la proclamons au contraire tout le premier, mais plutôt comme point de correspondance et d'appui pour les sociétés savantes, que comme moyen, unique sur-tout, de découverte et de conservation des antiquités nationales. Aussi félicitons-nous la ville de St-Omer de l'heureuse pensée qu'ont eue plusieurs de ses laborieux citoyens, en obtenant pour elle l'établissement d'une société des *antiquaires de la Morinie*. Il est de grandes espérances autour de son berceau : car il est autour d'elle de grands travaux à produire, et dans la plupart de ses membres un zèle et des talens appropriés à l'œuvre.

Espérons donc que cette société s'empressera d'associer le public à ses découvertes, de lui faire communication des monumens rares et curieux qui se rencontrent autour de son enceinte, soit sur le sol, soit dans les musées, les bibliothèques, les archives; et qu'elle commencera, pour sa part, cette série de rapports, si désirés des savans, si nécessaires à l'histoire, et qui doivent mettre à jour, pour toute la France, des richesses sans nombre perdues çà et là sur son territoire. La société de la Morinie ne manquera point à sa noble institution, nous le répétons avec complaisance, et nous en avons pour garantie de premiers efforts, une collaboration active, éclairée, et des noms déjà distingués dans la science.

(*) V. déc. des 17 sept. 1792, 27 juil. 16 août et 12 oct. 1793, 16 janv. 24 juin et 25 oct. 1794, et 1 déc. 1798.